全民科学素质行动计划纲要书系

走进女科学家的世界

U0735102

机器人世界

机器人设计师辛希娅·布利泽尔

［美］乔丹·布朗 著

刘 荣 译

科学普及出版社

·北京·

图书在版编目（CIP）数据

机器人世界：机器人设计师辛希娅·布利泽尔／（美）布朗著；刘荣译.
—北京：科学普及出版社，2009.1
（走进女科学家的世界）
ISBN 978-7-110-06729-1

Ⅰ. 机… Ⅱ. ①布…②刘… Ⅲ. 布利泽尔—生平事迹 Ⅳ. K837.126.16

中国版本图书馆 CIP 数据核字（2008）第 036206 号

自 2006 年 4 月起本社图书封面均贴有防伪标志，未贴防伪标志的为盗版图书

This is a translation of Robo World by Jordan D. Brown© 2006. This book is part of the
Women's Adventures in Science series, a collection of biographies that chronicles the lives of
contemporary women scientists. First published in English by the Joseph Henry Press. All
rights reserved. This edition published under agreement with the National Academy of Sciences.
著作权合同登记 01-2007-1617
本书中文版权由美国科学院出版社授权科普出版社独家出版，未经出版者许可不得以任
何方式抄袭、复制或节录任何部分

策划编辑：单 亭 许 慧
责任编辑：单 亭 孙 博
责任校对：林 华
责任印制：安利平

科学普及出版社出版
北京市海淀区中关村南大街 16 号 邮政编码：100081
电话：010-62103210 传真：010-62183872
http://www.kjpbooks.com.cn
科学普及出版社发行部发行
北京时捷印刷有限公司印刷
*
开本：720 毫米×1000 毫米 1/16 印张：7.25 字数：150 千字
2009 年 1 月第 1 版 2009 年 1 月 第 1 次印刷
ISBN 978-7-110-06729-1/K·75
印数：1—5000 册 定价：26.00 元

（凡购买本社的图书，如有缺页、倒页、
脱页者，本社发行部负责调换）

丛书简介

《走进女科学家的世界》系列丛书介绍了诸多热衷于科学研究的女性的真人真事。她们中有些人在年轻时就立志要成为科学家，其他人则更晚一些才有这个想法。有些科学家在事业旅程中克服了许多个人以及社会方面的困难，而另一些人的科研道路则可以用平坦宽阔来形容。虽然她们的背景和人生经历不尽相同，但这些非同寻常的女性们都有一个共同的信念：她们所做的工作非常重要并且这些工作可以使世界变得更美好。

与其他的传记体丛书不同，《走进女科学家的世界》收录的是当今正在从事科学研究的女科学家的故事。书中记述的每位女科学家都通过各种方式参与到书籍的创作之中，包括讲述自己生活中的一些重要细节，提供个人照片以及其中的故事，动员家人、朋友及同事接受采访，以及解释她们的专业知识以启发和指导青少年读者。

本系列丛书能够顺利出版还离不开萨拉·李·斯库普夫和美国国家科学院的无私帮助，他们不仅坚信追求科学真理是我们认识世界的重要手段，而且相信女性一定会在科学的各个领域发挥重要作用。他们希望随着《走进女科学家的世界》的出版，其中那些从充满好奇的女孩变成富于创新和求知精神的科学家的故事能给读者以启迪，并且能够激励那些有天赋和精力的年轻人去思考相似的问题。虽然科研工作的挑战巨大，但其回报却更加丰厚。

本书作者简介

　　尽管乔丹·布朗不曾制作过任何机器人，但阴差阳错地他还是受聘来撰写《机器人世界》一书。幸运的是，他有近20年的创作书籍，撰写杂志文章，设计儿童网站的经验。他的作品曾被"美国自然历史博物馆"（American Museum of Natural History）、"儿童时代"（TIME for Kids）、"学者出版社"（Scholastic Inc.）、"芝麻街工作室"（Sesame Workshop）等许多机构或公司出版过。他同妻子艾伦、两个孩子以及一只小狗一起生活在纽约。

本丛书还有：

- ◆ 基因猎手：神经心理学家南茜·韦克斯勒
- ◆ 骨骼侦探：法庭人类学家戴安娜·弗兰茨
- ◆ 超越木星：行星天文学家海迪·海默尔
- ◆ 强力：物理学家雪莉·杰克逊
- ◆ 预测地球的未来：气象学家冯又嫦
- ◆ 太空石：行星地质学家阿德瑞娜·奥坎普
- ◆ 活的机器：生物力学家米米·寇尔
- ◆ 人与人：社会学家玛塔·蒂恩达
- ◆ 大猩猩山：野生动物学家艾米·维德尔

目 录

创 造 者

当你听到"机器人"这个词时，想到的可能是电影里相互打斗的未来机器，或者是能够听从命令的毛绒玩具宠物。但机器人所能做的远不止是娱乐大众，辛希娅·布利泽尔就是一位活跃于机器人研究领域的专家，她设计机器人，给机器人编程，并用机器人做实验。

辛希娅的主要任务是创造出能够同人一起工作和学习的新型机器人，而并非一般的"仆人"或工具。她希望她设计的机器人能够运用它们的特殊功能、社交技巧，甚至"个性"使我们的生活变得更加美好。另外通过研究仿生机器人，辛希娅还发现许多我们人类行为方面的趣事。

辛希娅运用她的工程设计和计算机编程技能，已经创造出许多令人难以置信的机器人，像"阿提拉"、"汉尼拔"、"科戈"、"基斯梅特"和"莱昂纳多"都早已世界闻名。这些成功的机器人作品也证明了辛希娅超强的创造天赋，她以独特的方式将艺术和科学结合在一起，这使她成为了一个幻想者——一个能够想象出现今根本不存在东西的人。

那么辛希娅是怎样成为一个世界知名的机器人学家的？在她的科学历程上又曾经面对过哪些挑战？通过阅读她的故事，你很快就会发现辛希娅的好奇心、创造力和进取精神是帮助她实现梦想的关键。

那一刻她的机器人伙伴

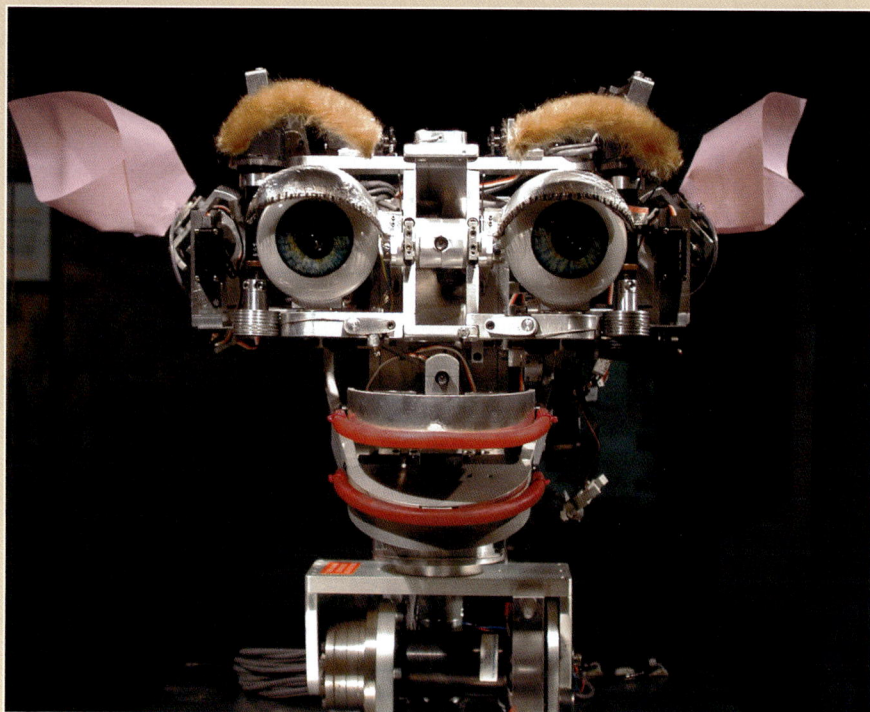

看起来真的活了。

拜访老友

1

2003年4月，在一个名为"机器人与其他技术：探索人工智能"的展览会上，一个卡通模样的名叫"基斯梅特"的机器人成了众人瞩目的明星。几乎所有到麻省理工学院（MIT）参观这个展览的人都会对"类人机器人"这个创意感到吃惊，而且他们对基斯梅特的动作表演录像记忆深刻。但是有一位参观者却在从不同的视角观察基斯梅特，她就是辛希娅·布利泽尔。

当驻足参观这个展览时，辛希娅的感觉有些奇怪和复杂，既有激动和骄傲，也有忧郁和怀旧。为什么呢？因为基斯梅特是辛希娅在MIT读研究生时亲手创造的一个机器人。她激动和骄傲是因为基斯梅特能成为展览会的亮点，而忧郁和怀旧则是因为她眼前的基斯梅特在很多方面已不再是她从前设计的那个机器人了。

现在的基斯梅特只剩下一个头和脖子（噢，对了，它一直就没有身体），它聪明的"大脑"已经不见了。这个大脑原本由15台联网工作的计算机组成，负责控制机器人身上的电机、传感器和程序。但这15台联网计算机是属于MIT"计算机科学与人工智能实验室"（CSAIL）的，其他研究生早已用这些计算机去做他们自己的机器人项目了。结果，基斯梅特就不能再动起来了。

上图是2000年5月拍摄的一张辛希娅·布利泽尔滑稽搞笑的照片，当时她刚刚结束以"基斯梅特"（左页图）为研究内容的硕士论文答辩。

1

如今看着基斯梅特毫无表情的脸部，那些来 MIT 博物馆参观的人也许会问：为什么吉尼斯世界纪录称它为"世界上最具情感的机器人"呢？其中的原因可能只有辛希娅·布利泽尔知道。她不会忘记基斯梅特的那些辉煌日子——当时它那双大大的蓝眼睛、长长的眼睫毛以及富有弹性的红嘴唇都会对她的声音做出反应，那一刻她的机器人伙伴看起来真的活了。

回到 2000 年，那时基斯梅特还在辛希娅那位于"人工智能实验室"9 层的工作室里。那种每天同机器人面对面相处的经历对辛希娅来说真是非同寻常。辛希娅和她的团队花了数年的时间来设计基斯梅特，最终使它能对人类发出的信号做出反应。想一想，如果你能在那个时候就看到基斯梅特，你肯定会为它的表现大吃一惊的。

那时，基斯梅特似乎听得懂人们在说什么。举个例子，如果你刚走进实验室，随便问一句："嗨，怎么样啊，基斯？"这个机器人便会转动脖子把脸朝着你的方向，当你走得更近些时，它那蓝汪汪的大眼睛就会和你做眼神交流并跟随你移动。如果你用赞美的语调说："你真是个伟大的机器人！"基斯梅特就会把脸同你贴得更近些并对你微笑。但是如果你用严厉的语调说："坏机器人！"基斯梅特就会惊恐地向后躲开。

当然，基斯梅特并不可能真正懂得英语或者其他任何一门语言。基斯梅特之所以能够根据声调和语气去判断人的情绪并做出相应的反应，完全是得益于辛希娅编写的具有创造性的控制程序。这个机器人的脸能表达多种"情感"，如高兴、悲伤、愤怒、吃惊、厌恶，甚至疲倦。

由于基斯梅特如此丰富的情感，有时很容易误认为这个机器人真的具有像人和动物那样感觉事物的能力。但这种误解正好说明辛希娅所做的工作是多么成功。辛希娅想要创造一个能够模仿人类婴儿感情行为的机器人。她的目标是制造出一个能用面部表情和咿呀声同人进行交流的机器，而且这种交流是非常自然地表露的。所有看到基斯梅特的人都会对辛希娅能够完成如此艰巨的任务感到吃惊，有时辛希娅也会惊异于自己所取得的成就。然而，"罗马不是一天就建成的"，亲手制作一个机器人的想法其实已经在她的头脑中酝酿了很久很久。

再回到1977年，那时辛希娅才10岁。有一天她看了一部激动人心的电影，就是最早的《星球大战》。像其他许多孩子一样，辛希娅对片中的机器人英雄 R2-D2 和 C-3PO 很是着迷，她梦想着自己有一天也能做出像片中的两个机器人一样风度翩翩的智能机器人。

辛希娅根本没想到她的梦想会在十来年的时间内就变成现实。基斯梅特的英文词"kismet"来源于土耳其语"fate"，意为命运。辛希娅是不是在看了《星球大战》中可爱的机器人之后，就命中注定要成为一名机器人学家呢？谁也说不清楚。不过可以肯定的是：辛希娅性格里无尽的好奇心、坚定的决心和敢于冒险的精神使她从一开始就踏上了一条探索发现之路。

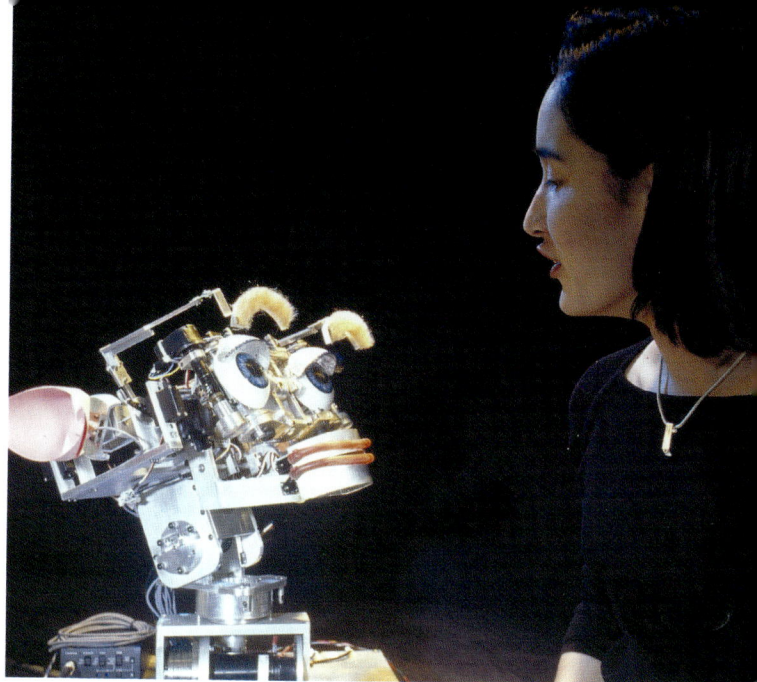

当辛希娅看了电影《星球大战》后，就爱上了那个充满勇气并足智多谋的机器人 R2-D2（如左图）。上图中，辛希娅正在同基斯梅特聊天，基斯梅特会对她的声音和动作中蕴藏的信息做出反应。

小"辛迪"的迅速

　　降生对她父母而言

似乎预示着某种

　　特殊东西的到来。

冒险精神

1967年11月15日,辛希娅的母亲赶到位于新墨西哥州的奥布奇尔克医院还不到一个小时就生下了辛希娅·琳·布利泽尔。小"辛迪"的迅速降生对于她父母诺曼和朱丽特·布利泽尔而言,似乎预示着某种特殊东西的到来。后来他们发现他们的女儿有种特别的冒险精神。

当辛迪还是个蹒跚学步的小孩子时,她就喜欢冒险和挑战。3岁的时候她就同5岁的哥哥比尔一起玩爬树,而且一玩就是好几个小时。他俩这种有点不怕死的行为让父母很是担心。为了他俩的安全,父亲最后把后院里一棵大树上较低的枝杈都给锯掉了,希望这样就能让两个孩子不再爬树。

父亲的想法倒是不错!但是就在树杈被锯掉几天之后,辛迪的妈妈吃惊地发现孩子们爬上了同一棵树上更高的地方。辛迪和比尔非但没有害怕,反倒高兴得直笑。

3岁的辛迪可不止喜欢在树上做文章。有一天,妈妈透过厨房的窗户发现辛迪正跟着哥哥在一堵六英尺高的墙上走!辛迪的态度似乎是这样:只要哥哥能做的,那么我也能做!

两岁时,辛迪(上图)就喜欢同她的哥哥比尔一起在后院冒险(左页图)。

5

另一次，辛迪的妈妈正在马路上从车里往下搬东西。当她偶然瞟一眼后座上的辛迪时，突然发现辛迪不见了！朱丽特异常紧张，就开始大喊辛迪的名字。不一会她就找到了辛迪，这小家伙正坐在车顶上冲妈妈哈哈笑呢。

当朱丽特小心翼翼地把女儿从车顶抱下来时，突然发现辛迪的脚被挡风玻璃的雨刷片割破了。伤虽然并不重，但辛迪的医生还是有些忧心，因为这已经是最近几周内布利泽尔夫妇第三次带比尔或辛迪来缝合伤口了。朱丽特也意识到她以后必须把这两个胆大的孩子看得更紧些才行。

移居加利福尼亚

辛迪的父母很早便注重培养辛迪对艺术和体育运动的兴趣。

布利泽尔一家在奥布奇尔克的生活相当不错。辛迪的父亲是一位数学博士，在一间研究所工作，她的妈妈除了照顾孩子以外，还在当地一所大学参加数学硕士课程的学习。由于父母都对科学很感兴趣，因而餐桌上的话题经常是生动的学术讨论。尽管一家人都很喜欢在奥布奇尔克的生活，但他们却不能在此长期享受。1971年，由于辛迪父亲的职务调动，全家要搬到位于加利福尼亚的利沃摩尔。虽然这次搬家比较辛苦，但辛迪的父母却欣然接受。因为搬到加利福尼亚对于诺曼和朱丽特来说犹如回家一般，他们俩正是于20世纪60年代初期在加州大学洛杉矶分校（UCLA）相遇并相爱的。

6

在利沃摩尔的早期生活

当辛迪搬进新家之后，她开始对动物有一种特别的兴趣。她很喜欢她的金鱼，并且经常从后院捉小虫来"犒赏"它们。后来辛迪向父母要求要养一只狗，父母担心她还不能饲养狗这样的大动物，便建议她先养诸如小白鼠之类的小动物。说来也怪，辛迪这次并没有任性，而是很高兴地接受了这个建议。她和哥哥给他们的小白鼠起名叫"Miscellaneous Mushmouse"，意为"多才多艺的蘑菇鼠"。其中，"Mushmouse"来自他们喜欢的一个卡通鼠的名字，至于"Miscellaneous"，仅仅是因为辛迪认为这个名字很好玩。

正是由于辛迪如此热爱动物，所以当她在7岁时就宣称将来要做一名兽医的时候，父母并没有感到吃惊。

辛迪和她的哥哥比尔骄傲地展示着他们的第一只宠物，一只根据60年代卡通片里的老鼠命名的小白鼠。

大起大落的小学时光

辛迪早期在利沃摩尔的小学时光可以说很精彩。从学前班到2年级期间，她对到学校上课充满热情，而且表现很不错。她喜欢学习阅读和写作课程，并热衷于某些艺术创作，她的老师也对她的智慧、创造力以及热情印象深刻。

然而辛迪在学校的优异表现从3年级开始就遇到了一些障碍。当时她的父母看上了在利沃摩尔其他地方的一所房子，决定要搬家，这就意味着辛迪和比尔不得不去另一所小学上学了。

辛迪在新学校过得并不如意。尽管她一直也很努力，但她的成绩只能算一般，以至于她的父母都担心她是否能准备充分地参加州里组织的学力测试。另外他们也担心新学校的老师没能很好地培养辛迪的创造天赋。

在新学校的第一年，辛迪受电视节目"星际旅程"（Star Trek）的启发曾经创作了一篇科幻故事。在故事里辛迪描写了一种被她称为"Z，X，W，7，10，5"的机器，这个机器的任务是帮助克林冈人（"星际旅程"中的一个外星种族）在入侵地球时寻找黑莓派充饥。而且辛迪在她的故事中还解释说这台机器的"感觉"是由一台计算机控制的。

辛迪构思的那个能寻找黑莓派的机器预示了她在机器人设计创作方面的天赋。

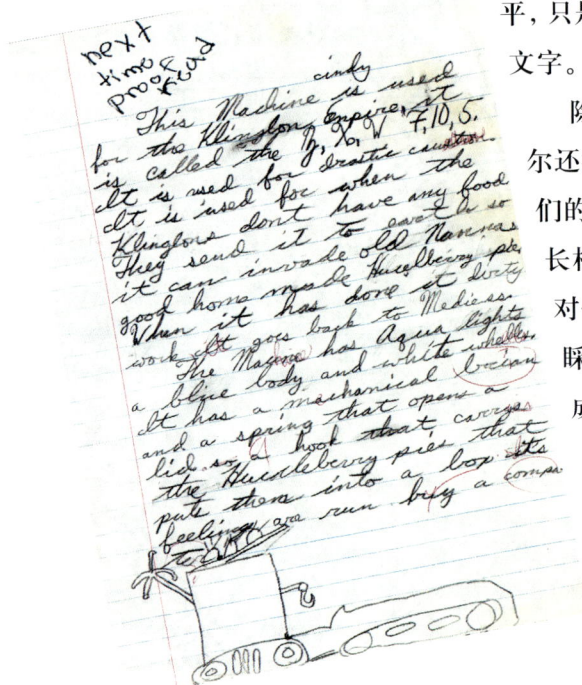

然而，辛迪的老师对她的这个作品反应平平，只是建议她下次要注意校对自己作品中的文字。

除了老师们不甚关心的态度，辛迪和比尔还得面对种族歧视所带来的流言蜚语。他们的母亲有朝鲜血统，因此辛迪和比尔的长相有些与众不同，其他许多孩子便以此对他们恶言讥讽。虽然辛迪也试图不去理睬这些坏话，但那些话常常对她内心造成伤害。

幸运的是辛迪还有她哥哥比尔的帮助。比尔经常用他的幽默去淡化那些恶毒的言论。当别的孩子取笑辛迪的长相时，比尔就会大声惊叹，好像他们说得不错。他还会故意夸大那些孩子的讥讽，直到辛迪都觉得这些恶言是多么荒谬可笑。比尔这种对他人嘲笑的聪明应对使他的妹妹也学会了如何从容处理这些言论。

为了帮助孩子们在学校取得好的成绩，辛迪的父母也亲自上阵，加入到他们的课业学习中。每天晚上他们都辅导辛迪和比尔做作业，并帮他们准备考试测验。良好的家庭氛围也启蒙了孩子们对科学的兴趣。布利泽尔一家人经常去一个位于旧金山的名叫"探索宫"的科技馆，在那里孩子们可以同互动式展品尽情玩耍，并看到很多令人称奇的科技展品。

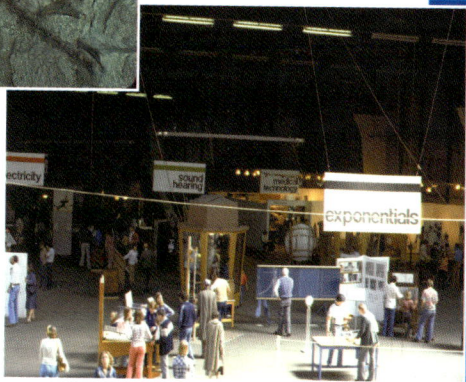

位于旧金山的"恐龙国家公园"（左图）和互动式"探索宫"（下图）是布利泽尔一家经常光顾的两个地方。

布利泽尔一家还常常去参观跨越犹他和科罗拉多两州的"恐龙国家公园"，辛迪和比尔对那里数以百计的恐龙化石甚为着迷。

由于家住加利福尼亚，布利泽尔一家还能够经常去另一个奇妙的地方——迪斯尼乐园。该游乐园总是能将最新科技与流行的娱乐项目巧妙地结合在一起，辛迪对此既惊讶又好奇，于是她读了很多关于迪斯尼乐园创始人沃尔特·迪斯尼的书，并且很受启发。

情况有了转机

由于父母在家的精心辅导，辛迪的成绩得以稳步提高。为了给孩子们找一所更好的学校，布利泽尔一家又搬到了利沃摩尔的另一个地方。尽管如此，到4年级结束时的辛迪似乎仍没能充分发挥出自己的潜力，为此她有些灰心。

进入5年级后，辛迪到了一位叫本·格林的老师的班里。格林先生用他指导体育队的方法教育学生，他鼓励学生们全身心地投入自己的功课之中，付出100%的努力。他常常让学生们玩大运动量的游戏以锻炼他们的技巧，这些游戏通常既挑战体力也需要智力。他还经常组织学生之间的小竞赛以锻炼他们解决问题的能力。

尽管有格林先生那些创新的教学方法，辛迪还是没能取得与她的能力相称的成绩。有一天，格林先生要她下课后去他办公室，当时辛迪很紧张，担心是不是自己犯了什么错？格林先生会不会训斥自己啊？

沃尔特的奇想

辛希娅·布利泽尔对科学的痴迷主要源于坐落在南加利福尼亚的迪斯尼乐园。在1970年，有一次一家人到迪斯尼乐园游玩，辛希娅喜欢上了园中一个叫"未来之地"的地方，里面的展项都是科技和娱乐结合的产物。其中有一个叫"内层空间探险"的项目，它能使游客们感觉自己身体好像缩小很多倍之后再观察水滴中的世界一样。

辛希娅读了很多有关迪斯尼的创始人沃尔特·伊里亚斯·迪斯尼（1901－1966）的故事。沃尔特·迪斯尼可以算娱乐世界的开拓者，他制作了世界上第一部有声卡通片——《汽船威利》(Steamboat Willie)，并制作了第一部完整的娱乐电影——《白雪公主与七个小矮人》(Snow White and the Seven Dwarfs)。

迪斯尼也是现代主题公园这种模式的先驱。当他在20世纪50年代中期揭开迪斯尼乐园这一宏伟设计的面纱时，许多人认为一开始它就注定要失败。但

迪斯尼非常相信自己的眼光，并没有去理睬那些唱反调的人。例如在50年代早期，艺术设计师克劳德·考特尝试在迪斯尼乐园中建一个彩虹的瀑布。当时一位著名的工程师看了这个瀑布的设计方案后就劝考特放弃这个想法，他说："用不了几天那些颜色就会混合到一起变成单调的灰色。"当考特把这个工程师的话告诉迪斯尼时，沃尔特却说："做那些看似不可能的事也是一种乐趣啊！"得到了迪斯尼的鼓励，克劳德更加倍努力地工作，设计出了彩虹瀑布的实现方案，而且这个瀑布良好地流淌了许多年。

当迪斯尼乐园在1955年7月17日正式向公众开放时，也出了不少的麻烦。许多娱乐项目都没能正常运行，睡美人城堡甚至发生了煤气泄漏，而小飞象也由于太重而无法被机器正常吊起。尽管开局不利，但迪斯尼一直在不断改进他的这个游乐园，最终取得了成功。他遵循这样一个古老的法则：好奇心＋自信心＋勇气＝创造新事物。

正好相反！格林先生给了辛迪更多的鼓励，就像一位球队教练在比赛中给他的队员打气一样。格林还告诉辛迪说他的妻子碰巧就是辛迪1年级的老师之一，她记得辛迪是她教过的最聪明的学生之一。

格林先生督促辛迪要更加用功，他说只要愿意付出努力，那她便可以在学校中甚至学校之外取得很大的成就。辛迪将格林先生的建议铭记于心，她把更长时间花在学习上，在课堂上多提问题，认真修改她的作业以求最好。辛迪的好奇心和学习热情终于又回到了饱满的状态，格林先生非常高兴。

在5年级快要结束时，辛迪为要离开格林先生的班级感到难过。格林先生是她最喜欢的老师，她的下一位老师还会这么循循善诱吗？辛迪为此特意去打听了一下，在得知她的6年级老师还是本·格林时，她感到开心极了。

本·格林（最左侧）是辛迪最喜欢的老师之一，他常把他的教练才能用于教育班里的学生。他的高能教学法激发了许多学生争创第一的热情，辛迪（第一排左数第三个）就是其中之一。

与同龄的其他**女孩子**一样，辛迪对很多课外东西

也很感兴趣，诸如**体育**运动和男孩子。

3

全面的教育

在格林先生的班里，辛迪的 6 年级过得很快，她继续在格林先生那种既严格又鼓励的教导下成长着。在家里，辛迪的父母一直为促进她的学习扮演积极的角色，他们花很多时间辅导她以确保她掌握了所学的东西。在升入 7 年级之前，在辛迪父母的要求下，学校对她进行了荣誉课程的测试，结果显示辛迪的确已经有能力接受新的挑战了。那是毋庸置疑的，因为辛迪在好几门荣誉课程上都非常优秀。

但生活并不是只工作而不娱乐。与同龄的其他女孩子一样，辛迪对很多课外的东西也很感兴趣，诸如体育运动和男孩子。她甚至参加了一所当地社区大学的模特训练班。这个训练班的目的在于帮助年轻女孩们培养自己的时尚审美观，同时也教她们如何在接受采访时给人以好的印象。多年之后当辛迪成为 MIT 的媒体关注人物时，她可能没有意识到正是小时候接受的训练才使她有如此从容面对镜头的技巧。但即使在中学的几年里，学习模特课程也给她带来了不少好处，她参加并赢得了好几次模特比赛，这对一个曾被他人取笑过容貌的羞怯小女孩来说已经很不容易了。

在中学的几年里，辛迪（左页是她 11 岁时的照片）开始自学很多东西。在诸多兴趣之中，她尤其喜欢并擅长体育，而且还获了不少奖（上图）。

建立自己的时尚审美观是辛迪在模特课上要学的东西之一。

为了继续让辛迪更全面地接触外界社会，她妈妈带她去参加了好几个全天性的"科学女性"研讨会，这些会议由"劳伦斯·利沃摩尔国家实验室"和"山迪亚国家实验室"资助。在会上辛迪听到了许多职业女性讲述她们作为工程师、程序员、医学研究员的故事。

尽管 7 岁时的小辛迪说过她希望当一名兽医，但日渐成熟的辛迪已经意识到她有更宽的职业选择范围。虽然她还不能确定自己到底想干什么，但她预感她的职业将会涉及数学和科学。当时她妈妈是一个计算机科学家，或许辛迪想过继承妈妈的职业，但在听了那些科学研讨会上职业女性们的建议之后，辛迪有了更多选择的方向，同时也激励她要更加努力学习。

悬而未决

在中学，作为学生的辛迪要努力克服学业上的各种困难，同时作为运动员的辛迪也在不断跨越一道道障碍。在田径跑道上奔跑是辛迪在曼丹豪尔中学最喜欢的几个运动项目之一，由于脚步极快，辛迪经常在比赛中击败男生。她喜欢第一个冲线的感觉。

除了练习50码、100码和220码短跑外，辛迪还是一个优秀的跨栏运动员。为了提高她的跨栏技术，她爸爸带她去图书馆寻找相关技术指导书，甚至在自家的后院也装上了栏架供她练习。天道酬勤，她赢得了好几次跨栏比赛的冠军。

然而辛迪在运动方面的爱好还远不止跑步这一项。不久她又迷上了足球，而且同样投入了极大的激情。除了跟所在的当地球队一起训练外，辛迪还经常和她父亲到公园去磨炼自己传球、带球和头球等方面的技巧。虽然她很喜欢足球这个运动项目，但随着所在球队的小女孩们开始拉帮结派，她的热情也开始逐渐变淡了。在这个由13岁女孩组成的队伍里，谁在比赛中犯错而被人挖苦本来是很正常的事情，但由于辛迪速度快、技巧好，从来没人敢嘲笑她。尽管如此，她还是觉得队中拉帮结派的行为令她恼火，她们为什么不放弃那些刻薄的挖苦之言而专注于比赛呢？辛迪发誓离那些人远远的，然而这便意味着她在队中没有一个亲近的伙伴。

13岁时辛迪喜欢踢足球，然而同其他许多女孩一样，那些刻薄尖酸的言语使她深受其扰。对她来说，球队中的小集团是不值得加入的。

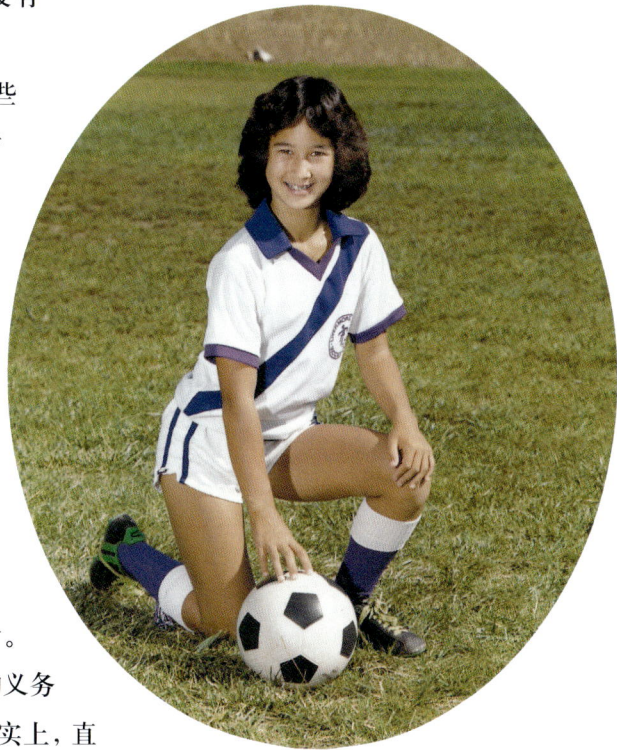

8年级的时候，为了尝试一些新的东西，辛迪转向了其他活动。她和班上的几个朋友尝试组建了一个拉拉队。队伍建成后辛迪非常高兴，她花了很多时间和其他的女孩子们一起设计口号和舞蹈动作。

过了一段时间，站在场边看比赛又对辛迪失去了吸引力。她告诉父母拉拉队太没意思了，因为她想亲自到场地中参加比赛，而非只在一旁观看。在完成了自己在拉拉队中应尽的义务之后，辛迪彻底退出了队伍。事实上，直至今日辛迪依然很难像丈夫那样坐在电视机前观看橄榄球或者棒球比赛。如果某项运动她不能亲身参与，在其中出力流汗并发挥出最好水平，那么这个运动对她来说就没有吸引力。

为一贯优秀而努力

　　随着辛迪自我意识的逐渐增强，那个害羞的小女孩已经变成了一个充满自信的少女了。就在高中开学前几个月，辛迪就有了一个新目标，她要打网球，并希望能组建高中的网球队。

　　对大多数希望成为优秀的网球运动员的孩子们来说，一般从六七岁时就开始了正规训练。而辛迪这时候才想要打网球，所以有很多的功课要补，其中最重要的是打网球需要很好的技术。要成为一名优秀的选手，光有速度和精神还不够，辛迪不得不去磨炼网球专门的技术。幸运的是她们家最近刚加入了一家网球俱乐部，而且她的哥哥比尔也爱打网球，所以辛迪有地方去练习，并有一个很好的陪练。

作为高中里的网球明星，辛迪从未为自己的荣誉而自满过。相反，她更加意识到了不断练习的重要性。

　　和从前一样，一旦想要做什么事，她就下苦功夫训练。这一年的6月到8月，她一直在坚持训练网球，即使是炎炎夏日也没能动摇她提高球技的决心。辛迪很快发现她双手反手接球的技术很好，但正手接球还有不足，经常将球重重地击出场外。为了提高她的正手技巧和其他相关技术，父母专门为她从俱乐部找来了教练，他们还为她买了能发出不同速度、旋转和弧线的自动发球机。

　　辛迪的付出得到了应有的回报，她不仅被格拉纳达高中的网球队接纳为队员，还被评为球队的头号种子选手。她在整个高中期间一直占据着这个位置，并且从未让冠军的头衔旁落。她一直坚持参加教练的培训，并不断找高手挑战。

辛迪用一种科学家的头脑来学习网球。在父亲的帮助下，她用摄像机录下自己的动作并加以分析，看哪些方面做得好，哪些方面还需要加强。高中期间，辛迪赢得了许多比赛并被认为是该地区最好的网球选手之一，她甚至大胆地考虑过要做一个职业网球选手。

辛迪的付出得到了应有的回报，她不仅被格拉纳达高中的网球队接纳为队员，还被评为球队的头号种子选手。

但对辛迪来说还是科学更具吸引力，她知道自己一定要去大学里学习医学或者工程学。为了在竞争激烈的科学领域取得成功，她意识到自己该在学习上花更多的精力了，那也意味着她的网球拍该休息一下了。

合理的建议

辛迪的父母一直注重让孩子接受良好的教育，他们花了很大功夫去激励孩子们学习。他们一直要求辛迪和比尔把自己的目标定位为名列前茅，尤其是成绩方面。他们对孩子们说："如果你的目标是得 A，那么你很可能是得到一些 A 和一些 B，但是如果你的目标是得 B，你很可能得到的只是 B 和 C。"简言之就是，如果某个目标对你很重要，你就要全力以赴。

辛迪的父母也很敏感地认识到了一个困扰职业女性的问题。她的母亲发现很多有才干的妇女由于对自己的成就过于谦虚而没能取得大的成功。因此，父母常常告诫辛迪："不

辛迪 16 岁时和哥哥比尔以及父母的合照。

要怕奏响自己的号角。"吹牛当然不行，但他们告诉辛迪将她的最新成果及时告知那些有影响力的人一定是件好事。父母认为"公布消息"能够帮助辛迪将她的成就推向一个更高的层次。

合理的建议

辛迪将父母的话铭记于心，尤其是对成绩的要求。高中时她把所有学科的目标都定为 A，结果她的物理和化学都得了 A，不

承诺和守律往往很难坚持，但其回报却是丰厚的，下面就是辛迪获得的奖章、奖牌和缎带。

幸的是她的数学总是得B。也许对于其他孩子来说数学得B已经是个不错的成绩了，但对于学数学的父母来说他们的女儿在这方面应该有更大的潜力。

他们鼓励辛迪继续努力，只要她自己不放弃，总有一天她会精通数学。

父母并没有看错。从高一开始，辛迪的数学便在班中名列前茅，而且自那之后她的数学成绩就一直是A。当然她依然坚持努力地学习，只是不再感到学数学是那么艰难了。

辛迪在学习、运动和其他兴趣爱好上的不懈努力使她成为了一个全面发展的女生。在高中快毕业时，她得到了一个振奋人心的消息：她获得了"利沃摩尔优秀人才奥林匹亚奖"的提名。

当她看见其他女孩们都穿着漂亮的礼服时，她觉得自己犯了一个大错。她当时是怎么想的呢？

该奖项每年只授予两名高中学生（男女各一名），要求获奖者在整个高中阶段"在知识学习、体育运动、公民责任和诚实正直方面综合优秀"，获奖者将获得大学期间的学费资助。

作为申请该奖项的一个环节，辛迪需要在评审团面前作一个报告。她会讲些什么呢？你可能会猜想她将谈论她对科学是怎样地热爱。然而辛迪却选了一个完全不同的题目，她决定去讲讲打网球是如何帮助她做好上大学的准备的。她讲的内容包括打网球如何让她认识到训练、坚持、练习和管理时间的重要性，以及打网球使她学会了快速从挫折中重新站起来。

讲演那天，爸爸建议她穿上网球服，这样效果会更好。辛迪不知道这是否是个好主意，但最后决定试一下。然而当她在现场看见其他女孩们都穿着漂亮的礼服时，她觉得自己似乎犯了一个大错。她当时是怎么想的呢？

但最终的结果证明这个小冒险是正确的。几天之后，辛迪得知自己获奖了，其中一个评审甚至专门打电话给她父母要他们好好表扬辛迪精彩的报告。

证书与决定

除了赢得"利沃摩尔优秀人才奥林匹亚奖"之外，辛迪还以很高的平均分结束了高中阶段的学业。她所在的一届共有328名学生，她的成绩名列第7。很显然辛迪将有机会进入一所很好的大学学习，但是该学什么专业呢？

辛迪童年时代那个想成为一名兽医的梦想已逐渐退去，但她对医学的兴趣丝毫未减。抱着将来成为一名内科医生的希望，她甚至考虑过去读一个医学预科班。但在高中最后一年，辛迪对工程学产生了更大兴趣。当她的一位老师听到她说要去大学学习工程时，劝她说："你应该知道你在大学里学的工程知识很快就会过时的，对吧？"但辛迪并不担心自己所学的技术知识会过时，她回答说："那正是我要学工程学的原因，我希望我的一生都能不断地学习和创造新东西。"

那么到哪里去学工程呢？辛迪首先考虑去她哥哥威廉（比尔上大学后改用此名）所在的学校，位于帕萨迪纳的加州理工学院。加州理工学院也被习惯地简称为"加州理工"，是一所全美顶级的科技学府。当时威廉在加州理工学物理，他为妹妹的择校问题也费了很多心思。尽管加州理工有很好的工程专业，但威廉认为这里的环境太过男性化了，不太适合他妹妹。

听取了哥哥的建议，辛迪和父母决定从公办的加州大学系统中申请一所分校。他们最后选中了拥有优美校园的加州大学圣芭芭拉分校（UCSB），那里也有很好的工程专业。同时该校的医学预科也很好，如果辛迪读工程学的申请没被批准的话她就可以去读医学。于是辛迪发出了申请，并顺利地被录取了。

　　圣芭芭拉分校工程部的一位负责人告诉辛迪说在她的班上会有许多优秀的同学。事实上，她那届班上的女生个个成绩优秀，有的甚至可以说是优异。辛迪也获知学工程学的女生不到总人数的5%。由于辛迪在中学时就经常和男孩子们在各种体育运动上竞争，所以她并没有被这个悬殊的男女比例所吓倒。她认为能在这所全国最美的校园里学习是一个接受顶尖级教育的好机会。远离家庭赴外求学会是什么样子呢？辛迪有些迫不及待了。

能在这样美丽的校园学习和

生活令辛迪兴奋不已。

4

规划未来

像其他做哥哥的一样，威廉在辛迪入学之前也给她提出了一些建议。他最重要的忠告是："如果你不能及时完成作业，那你就完了"。威廉也是通过在加州理工学院两年的切身经历才认识到了按期完成作业的重要性。他知道加州大学圣芭芭拉分校和加州理工一样，所有科学知识都是按一定顺序讲授的，重要概念之间都是一环扣一环，如果没能一步一步地把知识点学扎实，那就很容易被落下。他告诉辛迪要准备以超乎常人的速度接受新知识。"那感觉就跟对着消防栓喝水差不多"，他打趣道。

在暑期的一次新生指导活动中，工程学院的教师也给新生们提出了类似的建议。他们还鼓励新生们要彼此友好，特别要躲开那些视玩乐重于学业的人。但那可并不容易，要知道在20世纪80年代中期，圣芭芭拉分校曾被一本权威杂志评为全美十大玩乐学校之一。

加州大学圣芭芭拉分校坐落在海边悬崖上，能俯瞰太平洋。有的学生宿舍离海滩近在咫尺，有些人甚至不习惯总是听到海浪拍岸的声音。一想到能在如此美丽的校园学习和生活，辛迪就兴奋不已。

加州大学圣芭芭拉分校位于加利福尼亚海滨，占地近1000英亩。对每周都辛苦学习的学生们来说，优美的校园风景是最好的放松。上图中，辛迪正抽空尝试攀岩运动。

在阿纳卡帕的宿舍里（最上图），辛迪遇到的都是和她一样想认真学习的同学，她们在学习和娱乐的平衡关系上处理得很好。上图中，一个夏威夷风格的聚会成为了辛迪和她朋友们的入学欢迎仪式。

然而辛迪很清楚她去那里的主要目的，她要获得扎实的教育。要达到这个目的，关键条件之一是要找一个能让她专心学习的地方。后来他们终于找到了一个合适的地方，那就是位于阿纳卡帕宿舍区的"求知楼"，人们也管它叫"纳尔蒂楼"。

其实在暑期参观校园的时候，辛迪就从一位在书店遇到的女孩那里听说过纳尔蒂楼。那个女孩向她强烈推荐了阿纳卡帕宿舍区的两个地方，纳尔蒂楼是其中之一，它们都是为那些想努力学习的学生们准备的。在晚上，学生们在里面都很安静并体谅他人，没有那些吵人的音乐，也没有人扎堆窃窃私语，有的只是全神贯注的学习。那个女孩还告诉辛迪在纳尔蒂楼里还有一个很好的组织，老生们总是无私地帮助新生。

1985年秋天，当辛迪来到圣芭芭拉分校的时候，她很高兴地发现她的宿舍室友们不仅热爱学习，也同样喜爱娱乐。尽管她们从周一至周五都在埋头读书，但周末总是要好好轻松一下。她们有时去玩橄榄球，有时去看棒球比赛或看电影。如果有精彩的橄榄球比赛，学生们也会凑到电视机前观看，她们也会尽情地为比赛大声欢呼。阿纳卡帕的确是个很好的学习和生活之所。

当辛迪需要从紧张的学习中放松一下时，有时也去打打网球。但她不再像高中那样打那么激烈的比赛了，而只是为了放松好玩。但对于像她那样争强好胜的人来说，只求放松好像还有点困难。然而辛迪打球时努力去放松心态，并铭记父亲的建议。

当初辛迪在收拾球拍准备上学时，她父亲对她说不一定非要做得和以前同样好，父亲开玩笑似地说："事实上，也应该让男孩子们赢一次了。"

物理之趣

像所有新生一样，辛迪必须学英语和数学这两门课。另外，圣芭芭拉分校所有工程学科的学生还得学一年半的物理学导论。幸运的是辛迪碰到了一位好老师——罗格·弗雷德曼教授，物理课也成了她最喜爱的课程之一。

弗雷德曼教授的讲课方式非常生动形象，他把深奥的物理学概念巧妙地和现实生活联系起来讲解。一次他用了一辆儿童玩具车来讲解伊萨克·牛顿的理论。牛顿是17世纪著名的科学家，他指出了所有物体在物理世界运动的定律。为了讲解力和运动的概念，弗雷德曼教授亲自坐在了玩具车里，车上装着一个灭火器，当他打开灭火器的阀门时，只听"呼"的一声，车子就带着弗雷德曼教授以超过每小时20英里的速度穿过了教室。

还有一次弗雷德曼教授拿来了一个叫范·德·格拉夫发生器的东西来讲解静电效应。当学生们摸到这个发生器时，他们的头发马上就立了起来。弗雷德曼教授解释说那是因为每根头发都带上了同种电荷，互相排斥所致。

弗雷德曼教授生动的讲授给了辛迪很大的启发。她学习也非常努力，以求掌握好每一个概念。为了更好地理解书本上的东西，辛迪和她朋友们把那些没有布置的习题也

范·德·格拉夫发生器是专门为了讲解静电效应而设计的实验装置。对于外行人来说，用它产生"怒发冲冠"的效果也非常有趣。

拿来做。当遇到困难时，她们就去办公室找弗雷德曼教授请教，如饥似渴地汲取着物理学的知识。

真实世界的体验

在大二结束时，辛迪非常希望能够积累一些实际工程的经验，她明白能回答电子电路课和电磁学课上的考试问题是一回事，把课上所学的知识用到实际中又是另一回事。电子工程师们在不断地设计并制造出新产品，如移动电话和计算机处理器，辛迪也渴望去试一试。

在寻找参加实践项目的机会时，辛迪听说施乐公司有一个暑期实习生职位，而且实习的地方就在位于加州塞甘杜的一间研究所，离圣芭芭拉也不远。于是辛迪提出了申请，并被批准接收了。

她的加倍付出得到了认可和回报。当她领到第一份工资时，拿到的钱比她预想的要多不少。

在辛迪去施乐公司实习之前，父母给她提了几点建议。尽管他们知道女儿是个认真负责的人，但他们提醒她给别人留下良好的印象是很重要的。他们建议辛迪上班要比其他人早，下班也要晚些再离开。

听了父母的建议，辛迪每天都要多工作好几个小时。尽管一天的工作下来很劳累，但她发现父母的建议是对的。她的加倍付出得到了认可和回报，当她领到第一份工资时，拿到的钱比她预想的要多不少。她怀疑是不是有人弄错了。后来才知道是她的主管修订了她的工作时间记录，反映出了她实际的工作量。

辛迪在施乐公司的工作有一部分是设计单片机。单片机是一种用于处理信息、完成计算以及信息流控制的微型处理器。施乐公司在批量生产某款单片机之前，必须确保这些单片机工作正常，不发生任何故障。

单片机（如左下图所示）被用于众多的电器设备上，从计算机、计算器到数码相机、电视和 DVD 机。辛希娅整个暑假的时间都在这间施乐研究所（左图）测试单片机。

有一天辛迪测试了一种单片机，虽然这款单片机已经通过了所有的标准测试，但辛迪并不满意，总觉得有些东西不太对劲。为此她又做了一些附加的测试，结果发现这个单片机是有缺陷的，在某些特定的情况下它并不能很好地运行。老板对辛迪找出这个缺陷很是感激，如果这个有缺陷的单片机大量生产的话，施乐公司就得浪费大量的资金和努力。

决定读研究生

当辛迪进入高年级后，她觉得该为自己毕业后的去向想想了。在上弗雷德曼教授的物理课时，曾激发了她对天文学的兴趣，她也深深地为探索宇宙的奥秘所吸引。因此有段时期她打算去读天文方面的研究生，准备将来成为美国航空航天总署（NASA）的一名宇航员。

然而在大四那年，当辛迪听一个朋友说计划为 NASA 造一个行星探测机器人时，她的职业取向发生了变化。制造出一个能探索其他星球奥秘的自主机器人拓展了辛迪的想象空间，她还依稀记得儿时自己对《星际旅程》中机器人的痴迷。真的能制作出一个活生生的机器人吗？到哪里去学习呢？

辛迪以新的标准选择了研究生院，她向 14 所大学发出了申请，之后便焦急地等待结果。尽管平均分高达 3.8，并且获得了在加州大学圣芭芭拉分校荣誉很高的优等成绩，但辛迪对她的研究生入学申请也心里没底。因为她申请的都是美国竞争最激烈的研究生院，谁也不敢确保她一定能被接收。

其实辛迪用不着担心，几乎所有学校都接受了她的申请并给她提供了助教奖学金的职位。她首选的麻省理工学院还为她提供了全额奖学金，包括学费以及 13000 美元的一次性补助或定期的补助，辛迪高兴极了！

1989 年 5 月，辛迪以优异成绩和至高荣誉从加州大学圣芭芭拉分校毕业，并获得了电气和计算机工程学学位（上图）。下一步辛迪将去 MIT 的"人工智能实验室"学习。两位可爱的好莱坞明星机器人（右图）将是辛迪研究灵感的源泉。

在决定去麻省理工学院之后，辛迪还有一项重要的工作，就是寻找一名博士导师。

在研究生院中，博士导师是由那些帮助学生们提高学术能力并资助他们研究的教授所担任的。为了找到合适的导师，辛迪读了好几个教授的学术论文并最终联系了一位名叫罗德尼·布鲁克斯的教授。布鲁克斯教授工作于 MIT 的"人工智能（AI）实验室"〔现在这个实验室是 MIT"计算机科学与人工智能实验室"(CSAIL) 的一部分〕。人工智能是计算机科学的一个分支，它研究的是如何编写程序以使机器能够模仿人或动物的智能行为。

布鲁克斯教授是自主机器人研究领域一位著名的专家。自主机器人是一种通过程序控制可以独立行动并做出判断和决定的机器人。它们能够感知并收集周围的环境信息，再经过信息处理后完成诸如捡拾物体或躲避障碍等任务。自主机器人不同于其他由软件控制的机器人，因为它们并非是按照一系列诸如"向左移动，然后向右移动，再捡起石头"的预定指令工作的。它们能够在不可预知的环境中工作，并根据传感器反馈的信息做出"智能化"的判断。

辛迪同布鲁克斯教授见了面，并很快被他的热情和幽默感所感染。她确信布鲁克斯教授就是她要找的那种导师，能够在她开始探索奇妙的机器人世界时给她启发和挑战。

什么东西有六条腿，19个电机和许多的微型计算机，

能够在崎岖的地形上奔跑跳跃？

5

移动机器人实验室

1990年，辛迪（现在人们也叫她辛希娅）到达了位于马萨诸塞州剑桥的麻省理工学院。她来这里学习人工智能，但她也目睹了许许多多的真人真事。这里的同学和老师们是她所见过的最聪慧，最有纪律性和最有创造力的人。这里相互关爱、乐于助人和勤于探究的环境给她留下了深刻的印象。她知道如果她努力工作，抓住每一次研究的机会，她最终将能在人工智能领域做出重要贡献。

一名无畏的导师

辛希娅研究生期间的工作主要由导师罗德尼·布鲁克斯教授指导并支持。布鲁克斯教授从事机器人学研究已经有相当长时间，并在这个领域做出了突出的贡献。例如，20世纪80年代中期，布鲁克斯教授开始思考动物是如何运动的，尤其是昆虫的运动。他知道昆虫们的运动技能比现有的任何移动机器人都要好。就拿小小的蚂蚁为例，它们就能够比人或机器更灵活地在各种地形上活动。布鲁克斯教授构想：能否制作一个机器蚂蚁，让它也能像真蚂蚁一样

左页的图片是辛希娅在MIT的移动机器人实验室里与汉尼拔（红色）和阿提拉（金色）两个六足机器人的合影。她为这两个机器人编写程序，使它们能与不可预知的环境进行交互。上图地球的照片是一种特殊装置的一部分，该装置用来测试阿提拉和汉尼拔这样的机器人如何在月球上行走。

31

地灵活运动？

刚开始，好像觉得这个机器蚂蚁必须得有一个非常复杂的计算机大脑，用以处理所有涉及环境信息感知及腿部协调控制方面的计算。但后来布鲁克斯教授提出了一个比较激进的想法：如果让这个机器人的行为尽可能简单，那结果会是什么样呢？解决的关键是要给机器人装上许多传感器以便它能很好地感知周围的环境，然后通过程序使机器人根据每种传感器信息自发地做出反应，这样机器人就不用每做一个动作都要思考半天了。采用上述技术，机器人就不用装一台能处理所有计算的大型计算机了，而只需安装许多并行的、能相互通信的小型处理器。

确定他这个机器人简单化的想法后，布鲁克斯教授进一步意识到他的机器昆虫没必要每一步都走得十全十美。在观看了真正昆虫在恶劣地形下行走的录像之后，他发现昆虫们经常会跌倒，但是它们总能迅速恢复身体的平衡。在这种思路的指导下，机器人"成吉思"（Genghis）诞生了，它是人工智能实验室的第一个机器昆虫，它的名字得自于12

布鲁克斯教授构想：能否制作一个机器蚂蚁，让它也能像真蚂蚁一样地灵活运动？

世纪蒙古族的著名领袖"成吉思汗"（Genghis Khan）。

当布鲁克斯教授正在研究成吉思的时候，NASA的科学家们正试着设计一个能够探测火星的机器人。但是NASA在20世纪80年代末期做出的机器人模型重达一吨多，而且要耗资约120亿美元。当布鲁克斯教授知道这件事后，他想到了自己所从事的研究，他问自己："NASA是否真的需要为一个跑不快的机器人花那么多的钱呢？"

受成吉思成功的启发，布鲁克斯教授和他的同事安尼达·弗林写了一篇报告，建议NASA用另一种方案：与其把一个重2200磅（1磅＝0.4536千克）的大机器人送到火星去，为什么不送一百个重2.2磅的小机器人上去呢？这种方案有几个优势，首先小机器人比原来的大机器人研发耗时少，另外送到火星上的小机器人很多，可以冒险用其中一些去探测那些危险的地方，而不用一直小心地盯着它们。这些小机器人也可以互相协作去完成探测任务，而不用彼此通信。这篇报告发表在1989年的《英国行星学会杂志》（Journal of the British Interplanetary Society）上，其标题也很古怪："速度快、价格低、不用控制的机器人：太阳系的入侵者"。

20世纪90年代早期，布鲁克斯教授找到了资金支持他的团队研制小型的探测机器人，以验证用昆虫机器人在探测行星表面这一任务上是否比人类自己去更安全、花费更低。

当时，MIT 的移动机器人实验室是每个新研究生都向往的地方，辛希娅进入实验室的时间简直是恰到好处。

研制移动机器人

什么东西有六条腿，19 个电机和许多的微型计算机，能够在崎岖的地形上奔跑跳跃？答案是这样两个机器人：阿提拉和汉尼拔，它俩是辛希娅在 MIT 参与研制的一对孪生机器人。

阿提拉和汉尼拔除了颜色之外其他完全一样，阿提拉是金色的，汉尼拔是红色的。它们的结构都由金属制成，都有六条腿。每条腿上有三个驱动器（电机），因而腿能够朝不同方向移动：一个驱动器使腿前后移动，另一个使其上下移动，第三个的作用类似于肘关节，使腿能够在中部弯曲。机器人研究人员互相讨论时，他们常提到"自由度"这个概念。简单地说，自由度就是一个物体能有多少种运动方式，

在移动机器人实验室的机械车间里，辛希娅正用游标卡尺测量一个零件。游标卡尺是一种用来测物体直径或者厚度的工具。

它与物体的结构有关。如果一条腿能够沿三个方向运动，那么就是说它有三个自由度。阿提拉和汉尼拔的身体都有19个以上的自由度（这19个自由度包括了机器人脊柱的运动，以及装在脊柱上的六条腿），对于小型机器人来说这可是个不小的数字了。

感知的设计

汉尼拔和阿提拉的结构能够适应外层空间危险崎岖的地形，保护自己不失灵。为了测试机器人在类似月球环境下的情况，实验室制作了一个沙盘，观察机器人在沙石上行走时如何避开障碍。

为了使机器人能够完成环境探测的任务并躲避各种障碍，辛希娅和另一个研究生克林·安吉尔（他参与过"成吉思"的开发）给阿提拉和汉尼拔每个都安装了超过60个的传感器。两个机器人的头部都有类似于触须的触觉传感器，如果这些触须碰到什么东西，

就会给腿部直接发信号令其收回。每条腿上都装有力觉传感器，从而让机器人知道它的动作是否受阻。每个机器人的身体内部还都有一个传感器，使它能够知道自己身体的角度，这能帮助机器人保持平衡。除了有许多的传感器之外，阿提拉和汉尼拔都装有摄像系统，这样它们就能识别人和身边的同伴了。

排除故障

当辛希娅和她的团队在设计机器人构造的同时，还开发了控制机器人运行的计算机程序。机器人的每个组成部分——六条腿、身体和头部都有自己的微处理器。软件要能够分析传感器采集的数据并迅速做出判断，然后控制相应电机做出反应。除此之外，微处理器之间还能共享信息。他们的目标是能使机器昆虫完成各种各样的动作，包括自己站起来和跨过障碍。

但这实现起来可并不容易。是机器就总会出一些问题，阿提拉和汉尼拔也不例外。辛希娅他们经常要处理机械或者电气故障，比如传感器失效或者是齿轮被卡住。要是机器人在月球上发生这些问题怎么办呢？辛希娅打算编写一个程序，能让机器人自己知道哪里出了问题。

应对这些技术挑战需要大量的思考，但这也使得实验室里每天都充满了乐趣，因为这是一支有创造力的团队。他们醉心于工作的另一个原因是他们知道，解决这些问题将会促进整个人工智能研究领域的发展。一个好的研究工作必须包括与其他科学家分享你的研究成果，诸如通过期刊论文或会议发表的方式，这也正是科

实验室从来不缺少幽默。辛希娅在每个机器人制作完成之后都会为他们团队设计一款T恤衫。上图所示是一个外星人家庭在月球野餐时遭到机器蚂蚁的侵扰。

学进步的原因。

最终辛希娅找到了一个办法来减少机器人出故障。她编写了一个能使机器人在某个传感器或者机械部件失效时仍能工作的程序。这个程序使微处理器能够在部件出问题时马上就辨识出来，然后控制机器人利用其余的部件继续运转。设计这个程序的挑战之处在于机器人要能够做出实时的反应。除了故障诊断和处理，辛希娅还根据真实六足昆虫的行为建立了一个描述六足生物在崎岖地形上运动的理论模型。

辛希娅将她的研究成果写成了一篇长达150页的硕士论文，题目是"具有多传感器和多驱动器的自主机器人的鲁棒控制"。

在国家航空航天博物馆，辛希娅遇到了前宇航员——参议员约翰·格林。1962年格林成为第一个绕地球航行的美国人。

成果展示

毫无疑问，汉尼拔和阿提拉受到了人们的广泛关注。史密森学会下属的航空航天博物馆邀请布鲁克斯教授和他的团队在一个行星探测器展览会上展示了阿提拉。能够去华盛顿令辛希娅兴奋不已，在展览会上她遇到了一位前宇航员——参议员约翰·格林。

还有一次，"行星学会"（国际上空间科学领域最大的非政府组织）在加州的"死亡谷"举办了一个多国参与的行星探测机器人展览。辛希娅带着汉尼拔参加了展览会。死亡谷的地形跟机器人有可能在火星上碰到的地形非常接近，辛希娅也因此得到了在更真实的环境中测试汉尼拔的机会。展会上，汉尼拔甚至与一个苏联机器人实现了"对接"，它自己顺着一个斜坡跑到了那个机器人的背上。

随着汉尼拔和阿提拉的成功，布鲁克斯教授和他的团队又准备向更高的目标进发。

问候"霍尔"

1992 年 1 月 12 日，罗德尼·布鲁克斯邀请辛希娅和其他的研究生到他家里参加了一个生日聚会。聚会的主角是"霍尔"(HAL)，著名科幻电影《2001：宇宙探险》中的一台虚构的计算机。电影由斯坦利·库布里克导演，拍摄于 1968 年。根据该电影的情节，1992 年 1 月 12 日正是"霍尔"启动的日子。为了纪念这个日子的到来，布鲁克斯教授特意举办了一个生日聚会。

《2001：宇宙探险》对于布鲁克斯教授来说是一部很重要的电影，他第一次看到这个电影时，还是个整天摆弄积木的澳大利亚少年。电影给布鲁克斯留下最深印象的就是"霍尔"，这台计算机能够通过视觉和语言同人类进行交流。事实上，正是"霍尔"激发了布鲁克斯学习人工智能的兴趣。

> 布鲁克斯教授的团队在今后十年里该做些什么才能真正实现"霍尔"这个幻想呢？

在聚会上，学生们讨论了他们制作的机器昆虫与以"霍尔"为代表的智能机器之间的巨大差距。当时距 2001 年还有近十年的时间，布鲁克斯教授的团队在今后十年里该做些什么才能真正实现"霍尔"这个幻想呢？当时谁也不知道，但那个能实现"霍尔"幻想的人除了辛希娅之外不会是别人了。

激进者的休假

1992 年，布鲁克斯教授要离开 MIT 做一个学术休假。这种休假通常有几个月或者一整年，在此期间教授们可以外出旅行，或到另一个单位去讲学，或者去寻找新的课题。辛希娅在这段时间内将失去导师的指导，但她也意识到这是一个独立从事科研的好机会。

在休假期间，布鲁克斯教授也得以有机会好好想想他的机器昆虫。虽然它们已经很不错了，但要与"霍尔"相比还有很长的路要走。最初，布鲁克斯教授计划当他休假回来后，他的团队先做出机械爬行动物，之后造出机械哺乳动物，最后做出一个人形机器人来。然而一想到人生短暂，他还是决定放手一搏。尽管有许多技术上的困难，但是布鲁克斯教授还是下定决心带领他的团队研制自主式人形机器人。他知道辛希娅和他的其他学生能够应对这个挑战。

"科戈"诞生

人形机器人项目从 1993 年开始，最后他们终于研制出了机器人"科戈"（Cog）。这个新机器人的大小和真人的上身躯干差不多，它还有两个金属的手臂。与阿提拉和汉尼拔不同的是，科戈没有腿，因为布鲁克斯教授、辛希娅和其他人都认为他们应该着重提高机器人的视觉和听力，而非其移动性。"科戈"这个名字是辛希娅起的，有点侧重于机器人的机械部分（"科戈"的英文"cog"意为齿轮上的齿）。同时"cog"又是英文单词"cognition"的缩写，意为"认识"或"认知"，因此这个名字也代表了机器人的智能化目标。

> 辛希娅在这段时间内将失去导师的指导，但她也意识到这是一个独立从事科研的好机会。

布鲁克斯教授的研究目标是要让科戈看起来活生生的，不仅有智能，还能够同人进行交互。为了让科戈具有认知能力，机器人

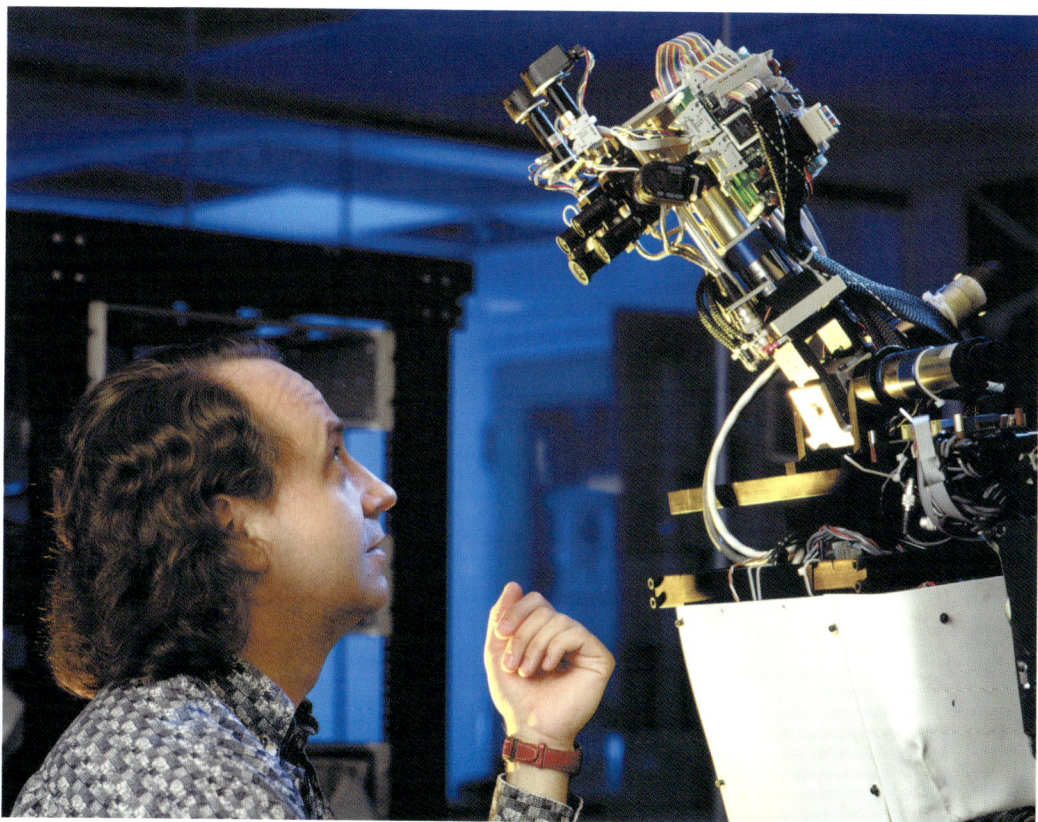

必须能快速"观察"并分析它所在的环境，然后做出自然平稳的反应动作。虽然科戈一眼看上去明显是一台机器，但研究人员希望一旦人与它接触过后，都会惊叹于科戈能够很完美和自然地模仿人类的动作。如果有任何不连贯的动作，都会破坏它的形象。

眼能传神

开发团队曾就如何将科戈做得更活灵活现而有过许多次激烈的争辩，但他们一致认为给机器人配备一个复杂的视觉系统是十分必需的。在人类的交谈过程中，眼神接触是一种重要的信息暗示，它告诉人们什么时候该说，什么时候该听。求职者们常说他们面试成功的关键因素之一就是同考官有眼神上的交流。因此，开发团队

罗德尼·布鲁克斯对科戈的功能惊叹不已。科戈能够模仿很多人类的动作，如头部跟随移动的物体转动以及玩"斯林克"（Slinky）玩具。

机器人的组成

机器人有各种各样的外形和尺寸。有的机器人有头，有的没有。有的机器人用两条腿走路，有的却用六条腿，还有的是用轮子来移动。不光外形，机器人的功能也是多种多样。有的机器人用来制造汽车，有的用来修剪草坪，有的能给地毯吸尘，还有的则是将来协助宇航员在太空工作。现在市面上还有许多专为娱乐而设计制造的"活泼可爱的机器"。尽管各种机器人千差万别，但所有机器人都有如下基本的组成部分：

首先，机器人的躯体都是由许多灵活的机构组成，使其能够运动。

第二，机器人身上都有传感器，用来采集周围环境的相关信息，包括光线、声音、温度和运动等。

第三，机器人身上都有电机，通常也称为驱动器。驱动器的作用就像人的肌肉，它使机器人能动起来。驱动器还能够增加机器人的"自由度"。如果一个机器人的头部只能左右转动，那么它就拥有一个自由度。如果它的头还能上下运动，那么头部便拥有两个自由度。机器人拥有的自由度越多，机器人的动作看起来就越真实。

第四，为了能够完成操作，机器人还要有动力源。大多数机器人使用电源，可以是机载电池，也可以通过电缆从墙上的插座接入。

最后，机器人需要计算机程序或软件来处理信息并做出决策。这些程序中包括许多算法——解决问题的逻辑步骤，算法能够帮助机器人思考、行动和学习。这些程序还能够使机器人根据传感器采集的信息做出自己的判断和决策。

以上五个部分具体如何设计完全取决于机器人设计中的核心问题：所要研制的机器人是用来干什么的。辛希娅设计的多数机器人都是为了实现与人的交互并能表现出社交中的智能，所以她的机器人反映了她的设计目标。

左图所示一个名为"漫游者"（Rover）的机器牧羊犬。虽然它也有五种基本成分，但它展现了一种完全不同的机器人。漫游者是第一个设计用来控制动物行为的机器人，它能够安全地把一大群鸭子赶到一起（牧羊人也常用一大群鸭子来训练牧羊犬）。

也希望科戈能够辨认出人脸并和人做眼神上的交流。为了能让科戈找到人的眼睛，需要给它配备两种不同类型的"眼睛"，一种用来提供宽广的视野，另一种则用来提供近距离特写。

辛希娅参与了科戈的设计制作，她花了不少时间来为机器人选择元器件，然后花了更多的时间把它们组装起来。然而她最重要的任务还不是这些，而是为科戈设计第一级视觉处理系统，即机器人第一眼看到物体时如何做出反应。如果有人进了房间，科戈将会把头转向那人，并随着人的移动而转动。

虽然研发工作有时非常紧张，辛希娅和其他团队成员也没有忘记保持幽默感。当有关科戈的新闻散布出去后，许多人都登陆MIT的网站想获取更多的信息。研究生们主要负责回答人们提出的常见问题，其中有一个问题是："你们是否担心你们的机器人可能会变得过于智能化或者过于强大？"他们的风趣回答是："不，我们已经给机器人编写了程序，即使它们想纠集起来参加到反抗人类的血腥斗争中，它们也不会伤害我们的性命。"

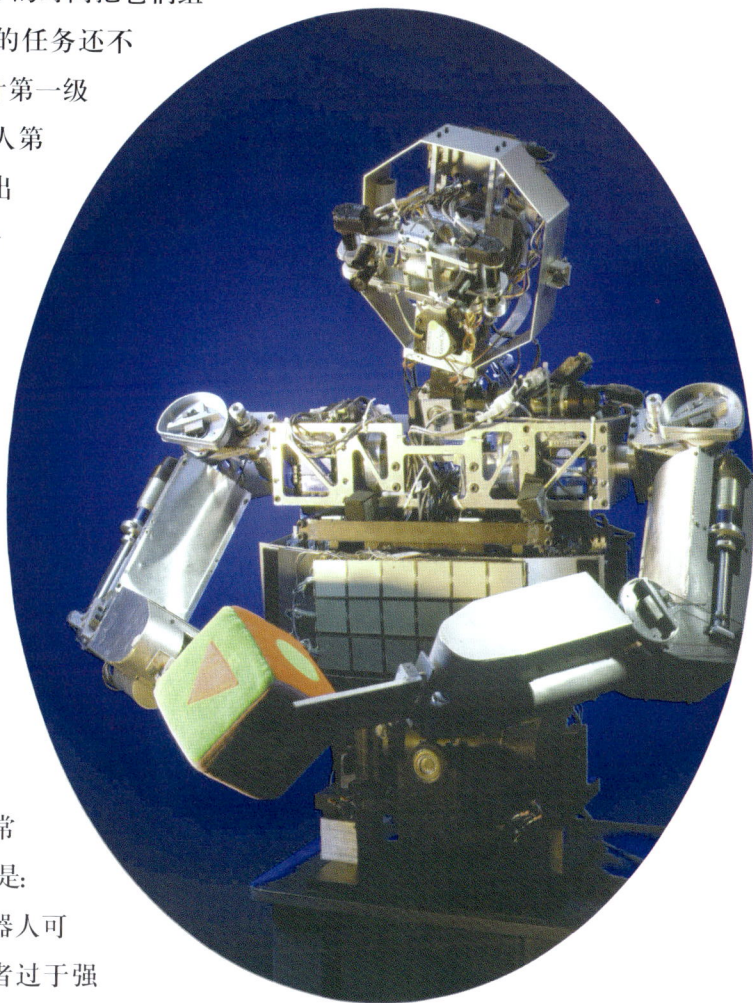

罗德尼·布鲁克斯曾经说过："创造会思考的机器人迫使我们去思考智能是如何工作的。"

不止能看见

到人工智能实验室参观的人们都觉得科戈那长长的金属手臂有点吓人。然而，只要他们亲眼见过科戈手臂的运动，他们就会相信：科戈能够敲鼓，甚至还能玩"斯林克"玩具。

有一天，实验室用摄像机记录下了科戈的动作。当时辛希娅手里拿着一个黑板擦并抖动了一下，科戈便向板擦伸出手臂并摸了它一下。辛希娅等了一小会儿后再次抖动了一下板擦，科戈也再一次伸出手臂摸了一下板擦。这些动作当时看起来并没有什么复杂的，但当其他人随后观看录像带时却感到大吃了一惊，看上去科戈好像在和辛希娅玩一种"猫捉老鼠"的游戏，这个行为可比当初给机器人编的程序复杂多了。

这个发现也令辛希娅兴奋不已。当她观看录像带中她与科戈进行交互的过程时，她联想到了婴儿是如何从父母那里了解这个世界的。尽管爸爸妈妈知道婴儿并不懂得他们说的，也不会做出什么反应，但他们总是从孩子一出生就开始和孩子说话了。父母有时候也停一下，希望孩子能做出些反应。渐渐地，经过几年之后，小家伙们就学会了该在什么时候用什么样的方式进行语言交流。

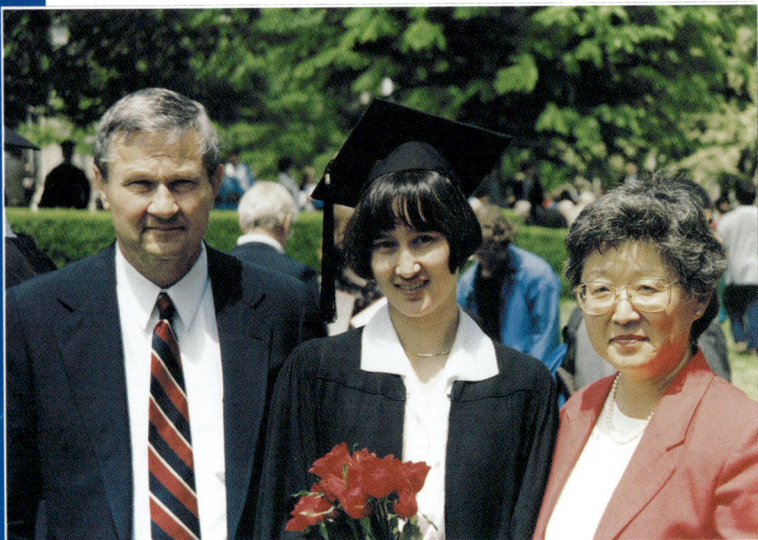

辛希娅是否能创造出一个非常善于同人类交流的机器人呢？当然它外表看起来还是个机器，但是它的面部表情和"感觉"应该像一个真的生物一样。辛希娅希望通过她编写的程序，她的这个机器人宝宝也能像人类婴儿跟他们父母玩耍时一样，表现出许多的交际信息。

辛希娅在1993年获得了MIT的硕士学位，她的父母诺曼和朱丽特·布利泽尔非常骄傲地为她庆祝。

它能做眼神交流，它还能够通过它的面部表情和声音让别人知道它是高兴、伤心还是吃惊。她打算把这个机器人做得看起来年幼些，希望人们能够以一种抚育或玩耍的方式同它交流，就像保育员对待婴儿那样。

这样一个机器人让辛希娅越想越兴奋。除了科幻作品之外，世界上还没有人尝试过这一新的方向。人类在进行相互交流时，一直都在用他们的面部表情。但是要让人和机器人通过富有情感的表情进行交互，这还是个无人涉足的领域。

最后，辛希娅将她的想法变成了一个研究项目。在布鲁克斯教授和其他研究生的帮助下，辛希娅开始着手为科戈制造一个兄弟出来。

她怎样才能使机器人的脸

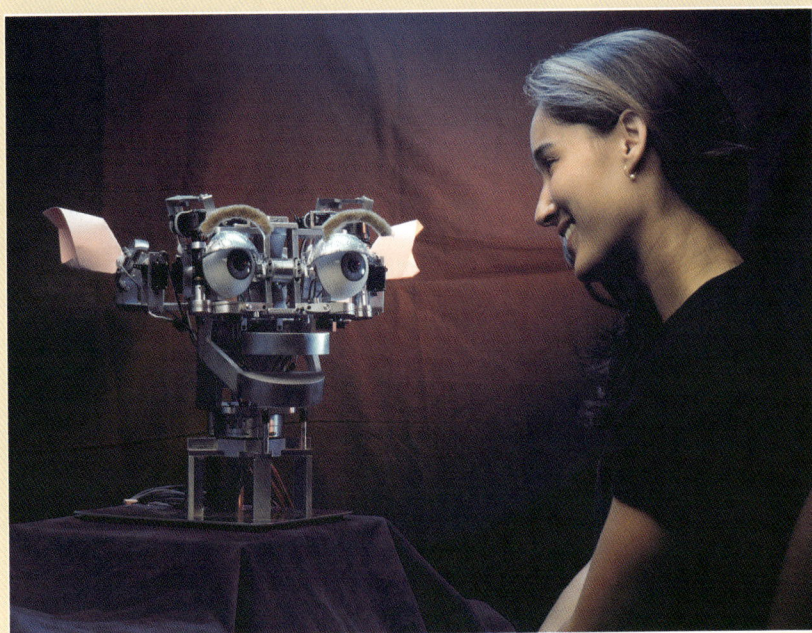

能够完全表达人类的情感呢?

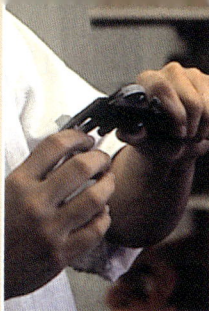

6

时代的领跑者

转眼到了 1997 年，辛希娅已经在罗德尼·布鲁克斯教授的实验室里从事机器人研究有 7 个年头了。虽然她在阿提拉、汉尼拔、科戈等机器人的设计和编程方面做了许多关键性的工作，但这些机器人还不是她自己想要的。现在，她的新课题是制作一个有表情的、能与人交流的机器人。看起来这是一个非常困难的项目，她怎样才能使机器人的脸能够完全表达人类的情感呢？正如英国生物学家查尔斯·达尔文于 19 世纪指出的那样，人类拥有所有物种中最复杂、最具多样性的面部表情。

琢磨当前所面临的挑战，辛希娅想起了一位她自小学 6 年级起就十分仰慕的发明家——莱昂纳多·达·芬奇，一位具有超时代思想水平的艺术家兼科学家。辛希娅想，如果达·芬奇碰到她现在的情况会怎么办呢？他一定会对核心问题作深入的思考，准备好必要的资源，然后稳步前进。

她也应该这么做！

为了做出能够模仿婴儿行为的机器人，辛希娅开始阅读成长心理学方面的书籍和论文。成长心理学是心理学的一个研究分支，主要探讨儿童的学习、成长和行为。孩子们天生就具有求生存以及同父母和其他成年人交流的本能。辛希娅便开始思考她的机器人需要什么样的本能或者动机。儿童在大脑的发育过程中，他们依

上图是辛希娅使用游标卡尺的特写镜头。当她意识到在科戈身上无法再有新的研究进展后，她便转向一个新机器人——基斯梅特（左页图）。

靠五官来获取外界的信息，尤其是视觉和听觉。因此，辛希娅首先考虑如何改进科戈的视觉和听觉。

在项目的早期，辛希娅就想为她的机器人找一个与众不同的名字，她希望这个名字既有趣又比较中性化。她曾经想给机器人起名叫"吉兹摩"（Gizmo），但是史蒂芬·斯皮尔伯格已经在他1984年的一部电影《小鬼》（Gremlins）中用了这个名字。有一天，她突然想到了一个新名字——就叫它"基斯梅特"（Kismet），一个"命运"（Fate）的同义词。

> 作为一个机器人来说，科戈的确非常出色，然而它的外形也令第一次看见它的人有些害怕。

当布鲁克斯教授第一次听到基斯梅特这个名字时，他就相信辛希娅的研究能够开辟出一个新的天地来。基斯梅特既野心勃勃，又机智大胆，还富有创造力，这些品质也正是布鲁克斯教授非常欣赏而且一直向他的学生们灌输的。

好大的眼睛

作为一个机器人来说，科戈的确非常出色，然而它的外形也令第一次看见它的人有些害怕。因此辛希娅决定要把基斯梅特做得看起来更年少些、更有魅力些，让人们愿意同它交流。如果想让人们把基斯梅特当成一个小孩看的话，它的个头就得比科戈小。但是如果真把它做得像婴儿那么大的话，又没有地方安装齿轮和电线了。另外，即使机器人不需要胳膊和腿，单是做出一个表情丰富的脸就已经难度很大了。

与阿提拉和汉尼拔不同，基斯梅特不用行走移动。因此，辛希娅最后决定仅把这个机器人做成一个机械头部。为了营造一种关爱婴儿的感觉，辛希娅把这个机器人头放到了一个比较矮的桌子上，这样外来参观者能够坐着同它做眼神上的交流。她还给机器人装了一个可以运动的脖子，这样如果基斯梅特"喜欢"某样东西，它就能够把头凑近些，如果"害怕"，它就离开点。通过阅读相关书籍，知道什么东西能使大人和孩子心有灵犀之后，辛希娅决定给基斯梅特装上一对大号的眼睛。她希望这个卡通式的大眼睛能够吸引人们的注意力，并让他们愿意同这个机器人交流。为了使基斯梅特的眼睛更富有感染力，辛希娅还为它装了一对大大的眼皮、长长的睫毛和浓重的眉毛。为了让基斯梅特能够看到东西，辛希娅和她的团队成员在科戈的视觉系统基础上进行了改进，在基斯梅特的脸上装了

为了鼓励人们同基斯梅特交流，辛希娅把两部摄像机装到了它那双大大的蓝眼睛里。

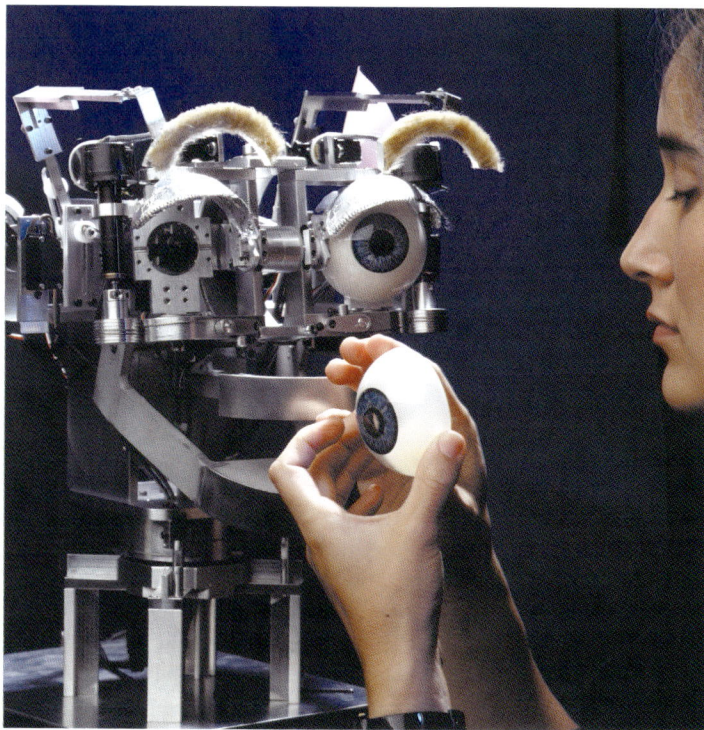

四部摄像机，两只眼睛里各有一部，两眼之间有一部，鼻子的位置上还有一部（它没有鼻子）。其中，两部摄像机用于提供整个房间的宽广视野，另两部则用来提供近距离特写。

在最初设计基斯梅特时，辛希娅的本意就是要让人们知道它是一个机器人而非真人，因为她曾读到的许多文献中都提到了人们对过于像人的机器人会感到恐惧和厌恶。所以，她就没有费心去隐藏基斯梅特身上的金属零件、齿轮和导线。除此之外，她还模仿猪的样子给基斯梅特装了一对粉红色的纸质大耳朵。至于基斯梅特的嘴，辛希娅发现医用软管具有很好的柔韧性，而且很容易用红笔染色，于是就用它们来做了机器人的嘴唇。

以上做的仅仅是机器人的外表，下面才是真正重要的问题：她该怎么做才能使基斯梅特通过面部表情揭示出它的"内心情感"呢？为了解决这个问题，辛希娅请教了心理学专家，还研究了经

典动画片里的技术。她了解到，为了赋予一个卡通人物类似真人的情感，需要考虑如下因素：

- 保持简单，即一个时刻只表现一种情感。
- 尽量使动作之间的过渡更加流畅。
- 看着可信比事实更重要。
- 不用担心嘴唇与声音是否同步，如果嘴唇动作太准确反而看着不自然。

将以上这些要点记在心上，辛希娅便开始了基斯梅特技能方面的设计。

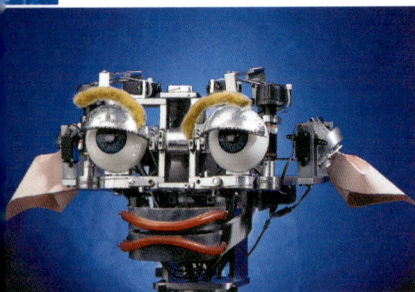

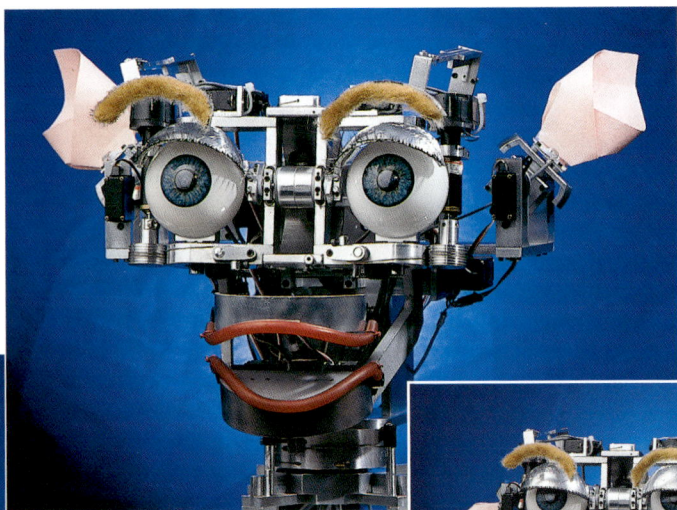

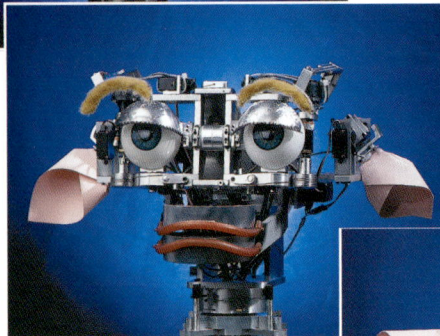

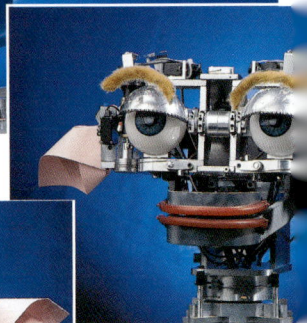

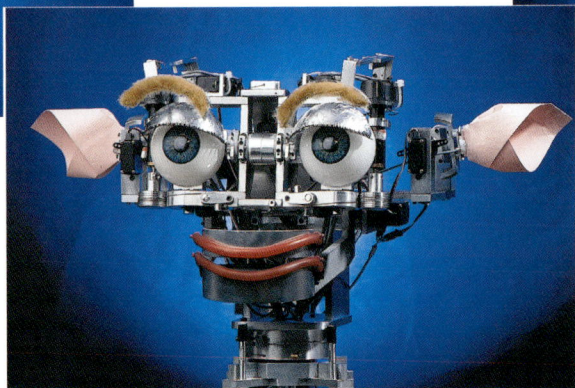

基斯梅特的面部表情揭示了它的"感情状态"。下面是它的五种表情（从右上顺时针转）：吃惊、疲倦、高兴、伤心、生气。

为机器人装上人脸

基斯梅特并不是世界上唯一的只有头部的机器人,"克宝"(K-BOT)就是一例。"克宝"是由一名得克萨斯大学的博士生大卫·汉森制作的,它的内部结构看起来很像辛希娅·布利泽尔研制的那个著名的基斯梅特,也装有数码摄像机、导线、小型电机和微处理器。但是与基斯梅特不同的是它的外观,"克宝"的设计走的是另一条路线。

大卫研制的机器人外表包着一层类似肌肉的塑料,除了没有头发之外,它的样子跟真人的脸很像。这张脸可不是随随便便选的,而是选汉森在实验室的助手克里斯坦·尼尔森的脸做的模型,所以"克宝"的英文名字中有K这个字母。大卫制作这个机器人没花太多钱,只用了400美元,主要的东西都是从五金店里买来的。

当大卫把"克宝"接到他的笔记本电脑上时,它的脸就能动了。它先微笑一分钟,之后又皱眉头一分钟。为了创造出"克宝"的脸部动作,大卫花了许多时间去学习人脸部的肌肉解剖学,这是因为模仿人的脸部动作非常困难。当人微笑或皱眉时,会有几十条大大小小的肌肉一起动作。

要制作具有人脸的机器人,另一个挑战来自于心理方面。包括辛希娅在内的许多机器人学家都支持马萨希洛·莫里斯的"恐怖谷"(uncanny valley)理论。根据这个理论,人们只会对类似人在一定程度下的机器人持积极态度,如果机器人跟人过分相似,人们就自然会希望它能够跟人一样动作,如果它做不到的话,人们在同它交流时就会感到很不舒服。

当辛希娅在2002年,碰到大卫时,她向他解释了为什么不在自己的机器人上装一张仿人的脸。她说:"我的工作重点是机器人的交互能力,如果我的机器人看起来很令人讨厌的话,人们就会被吓跑,也就不愿意同它做什么交流或者协作了。"事实上,直至2005年,也没有一个机器人学家能够想出使机器人的脸部动作完全逼真的好方法。

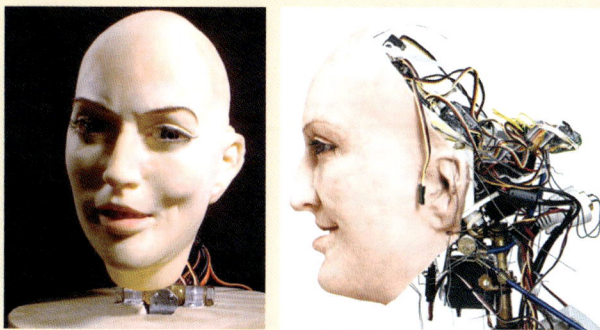

上图分别是"克宝"的正面和侧面照片。"克宝"有24条人造肌肉,使它能够做出28种面部的动作。它的眼睛里也装着摄像机以识别人类并做出相应的反应。

制作基斯梅特的大脑

当做好基斯梅特的外部形状之后，就该让它动起来了。但是要给基斯梅特安装传感器和驱动器，以及编写它的控制程序可是个不小的挑战。由于这个机器人要收集大量外界信息并做出实时的反应，它就需要一个能相互通信的"微大脑"构成的控制系统，这些"微大脑"就是多台联网的计算机。

由于工作繁重，从一开始辛希娅就意识到不能每项工作都由她来做。为了能做出一个满意的机器人，她需要寻求他人的帮助。但她需要分清哪些任务自己做，哪些要别人帮忙做。

辛希娅的热情感染了许多实验室成员，她的团队组织能力也得到了培养。她能够组织协调许多有才干的人一起去完成基斯梅特。

幸运的是，辛希娅对项目的热情打动了人工智能实验室里的许多研究生，他们都想为这个项目出力。这也锻炼了辛希娅的团队组织能力，她要能把许多富有才干的人组织在一起，分工协作去完成基斯梅特。这时她才开始认识到以前参加众多的体育队对她的科学生涯具有非常大的帮助。

联网工作的计算机

跟汉尼拔和科戈的控制系统类似，基斯梅特身上也装了不止一个计算机。事实上，控制基斯梅特的共有15台独立的计算机，它们通过复杂的网络彼此通信。更具挑战性的是，这个控制网络中的计算机装有不同的操作系统。操作系统是一个计算机的控制程序，它能够管理硬盘上保存的文档，管理所有软件的运行，以及控制键盘、鼠标和其他外围设备。所有这15台计算机都要正常工作，才能使基斯梅特顺利运转起来。

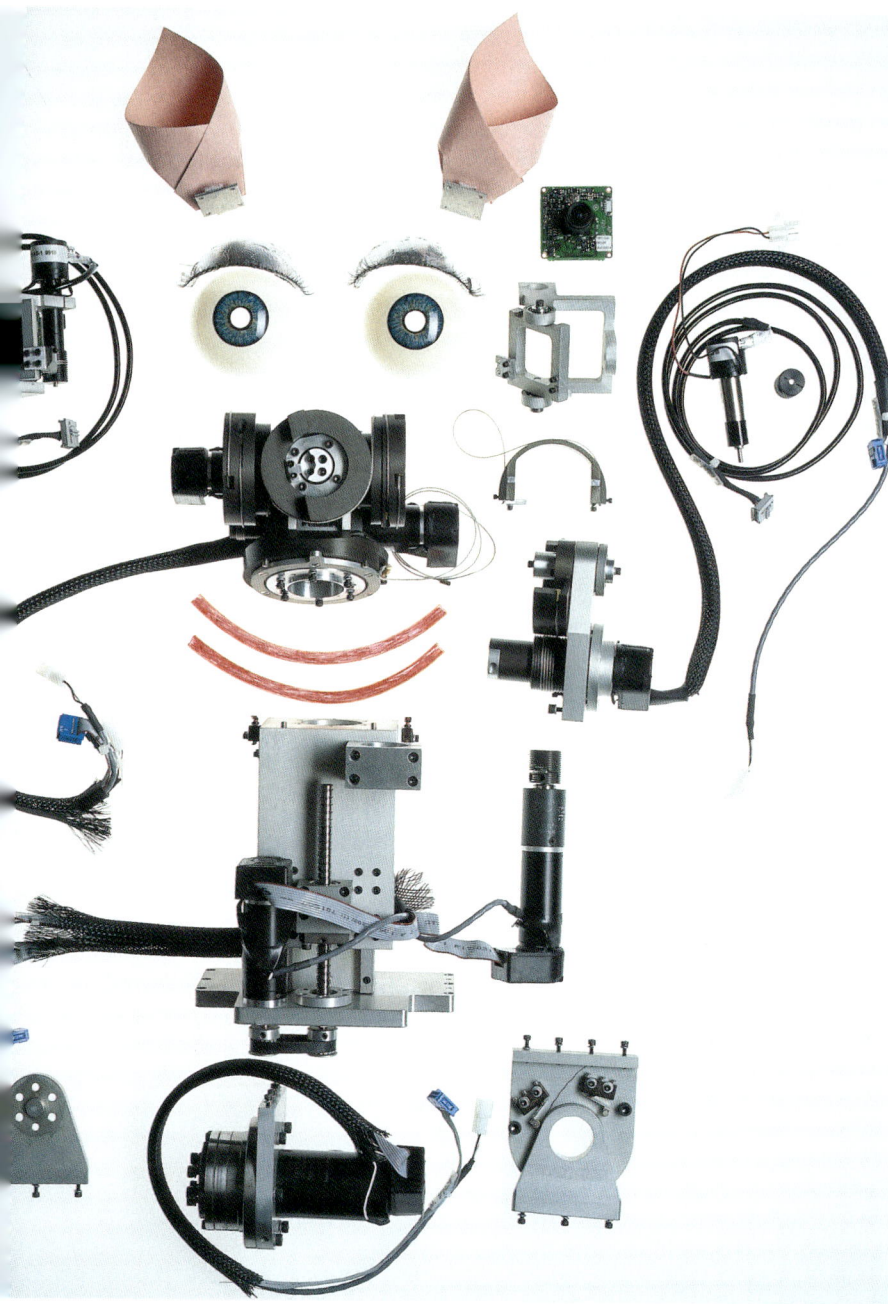

这是在一本叫做《现代机器人》（Robo Sapiens）的书中展示的基斯梅特的部件拼图，该书介绍了辛希娅具有开创性的研究成果。

这15台计算机中有9台是用来控制基斯梅特的视觉系统的。控制程序使它们能够辨认出人类婴儿比较喜欢看的东西，如色彩鲜艳的东西（儿童玩具）、具有皮肤颜色的物体（人）以及附近物体的运动。基斯梅特同样也能够做眼神交流，并且还能够眨眼皮。当基斯梅特要对某人做出反应时，它就会像人一样抬起眉毛，看着你。

基斯梅特的听觉系统也很复杂。它的程序能够分析一个人对着麦克风说话的语调和声强。基斯梅特不仅能够听懂其中的一些词，还能听出人们是在夸奖它还是在骂它，并做出相应的反应，其中一种反应就是"说话"。通过语音合成，基斯梅特的说话声被设计成像婴儿的咿呀之声，而且为了增加真实感，基斯梅特说话时还是磕磕绊绊的。

基斯梅特的"驱动"

大人们都知道，婴儿有很多需要。当他们饿了或者渴了的时候，他们就会哭。如果他们被吓着了或者感到孤独时，他们也会哭。当他们的尿布湿了的时候，他们也会哭。人类的进化赋予了婴儿感受关爱的本能。"对了，这能不能帮上什么忙呢？"辛希娅想。

机器人不吃不喝，它们不需要拥抱，它们也不穿尿布。那么，辛希娅要怎么做才能使基斯梅特像嗷嗷待哺的婴儿那样呢？虽然基斯梅特的传感器能够搜集到周围的视觉和听觉信息，但是它该怎么处理这些信息呢？又该做出什么样的反应呢？

> 机器人不吃不喝，它们不需要拥抱，它们也不穿尿布。那么辛希娅要怎么做才能使基斯梅特像嗷嗷待哺的婴儿那样呢？

经过仔细的思考之后，辛希娅指出基斯梅特对外界环境的反应应该来源于三个由程序控制的"驱动源"，或者说是"需要"。第一个就是社交驱动，或者说是跟人交流的愿望。第二个是玩耍驱动，或者说是想玩那些具有鲜明色彩的玩具的愿望。第三个就是疲劳驱动，或者说是在活动过多时想要休息的愿望。当基斯梅特启动之后，每个"驱动源"都处在一个中等水平上，但如果这些愿望越长时间得不到满足，它们就会变得越强烈。愿望越强烈，就会越发激励机器人去做那些能够满足这些愿望的事。例如，如果将基斯梅特在一个空房间里启动，它就会转动脖子左顾右盼，找人或者那些色彩鲜明的玩具。

有许多问题有待解决。

"同机器人交谈"

2000年的春天，经过四年的辛勤工作，基斯梅特终于大功告成了。基斯梅特不仅是个技术上的尝试，而且它真的能够工作！辛希娅为她的团队所取得的成就和在开发过程中的收获感到骄傲。尽管机器人研制工作已经完成并能够正常运行了，然而为了完成她的博士论文，辛希娅还需要继续评估基斯梅特与人交互的效果，她还是有许多问题有待解决。

辛希娅想要知道：普通人对基斯梅特的反应如何？人们会认为它的行为很像人吗？公众是否会厌恶这个具有"情感"的机器人呢？由于基斯梅特说的并非一种真正的语言，人们怎么跟他交谈呢？

为了寻找问题的答案，辛希娅邀请了很多志愿者来和基斯梅特见面，而且要确信他们每个人都不懂机器人。她希望这些志愿者能够给她提供一个对基斯梅特的客观评价。她给每个人都发了一个麦克风，让他们在基斯梅特前面坐下，然后告诉他们："跟这个机器人说说话。"

当辛希娅在基斯梅特的眼前摇动一个绿色玩具青蛙时，这个动作就满足了机器人的"玩耍驱动"。

辛希娅录下了所有基斯梅特的反应。后来分析这些录像的时候，她高兴地发现人们能够理解基斯梅特发出的交流信号。许多大人还有些夸张地一边对基斯梅特说话一边做出各种面部表情，就像一个母亲同自己的婴儿说话那样。多数参加实验的人都知道什么时候该轮到他们说。一位女士曾用一种略带责备的语调问："基斯梅特，你的身体哪去了？"基斯梅特的反应是不好意思地低下了头。

一位名叫瑞奇的志愿者跟基斯梅特热烈地聊了25分钟。他把自己的手表给基斯梅特看，他说那是他女朋友送他的礼物，有一次他差点把表给弄丢了。基斯梅特便把头探向瑞奇的手腕想看得清楚一些，然后抬起头看着瑞奇的眼睛。当瑞奇离开房间时，觉得自己好像已经跟基斯梅特建立了一种真实的关系，尽管他知道对方只是个机器人。以上这些实验证明辛希娅的项目大获成功。

基斯梅特的表现令许多人大吃一惊。有一次一个记者来到MIT的人工智能实验室采访辛希娅和一位名叫安妮·福斯特的博士后。安妮从事的是机器人行为道德方面的研究。当辛希娅按下基斯梅特的启动开关时，什么反应都没有，辛希娅心想是否要重新启动一下系统。这时，安妮凑到基斯梅特边上说："为什么这样啊，是不是不喜欢我了？"不料基斯梅特动了起来，看着安妮并开始咿咿呀呀地说起来。周围的人都笑了，安妮说她根本没想到基斯梅特的仿人行为是如此逼真。

粉耳朵和香槟酒

2000年9月，辛希娅在她的博士论文答辩会上向MIT的教授们展示了基斯梅特。这是她获得科学博士学位路上的最后一道难关了。辛希娅已经完成了一本专著那么厚的研究报告，也就是她的博士论文，题目是，"友善的机器：人类和机器人之间的表情交流"。在报告中，她介绍了她设计基斯梅特的原因以及她是如何完成的，她还总结了对基斯梅特录像资料的分析结果。现在是该在答辩会上向教授们展示她丰硕成果的时候了。

首先，辛希娅对她的研究工作做了一个公开陈述。她惊讶地发现答辩会场里挤满了人，显然辛希娅和基斯梅特有许多的"粉丝"。

公开陈述后，她和MIT学术委员会的成员们来到一个小房间里，这才是整个答辩过程中最难熬、最具挑战的部分。委员们向辛希娅提出了一系列难度较大的问题，以证实她确实对这项研究十分了解，她都对答如流。

辛希娅非常出色地完成了答辩。当她走出房间时，她的同事们正在外面拿着香槟等着庆祝呢。辛希娅看到每个人都戴着一对基斯梅特的那种粉色大耳朵时，不禁大笑起来。

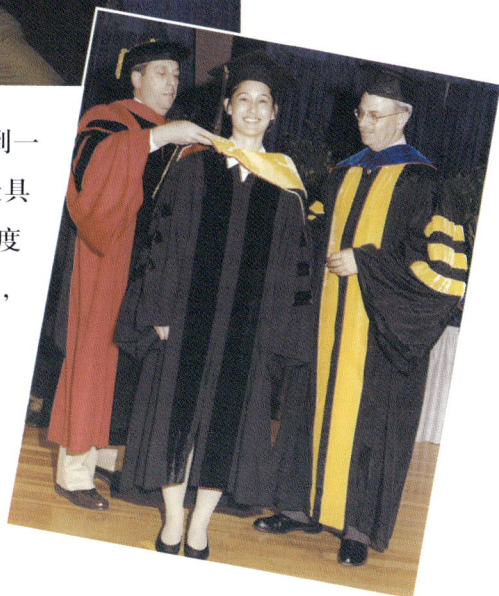

从技术到艺术

毕业后不久，麻省理工学院出版社就邀请辛希娅写一本关于她从事基斯梅特研究的书。这本书的主要内容是基于她的博士论文，于2002年出版，书名为《设计交互式机器人》(Designing Sociable Robots)。在扉页上，辛希娅这样评述了她的这个创新性发明：

基斯梅特能在物理层面、社交层面以及情感层面上同人建立联系。如果人们同基斯梅特玩耍，然后看着它停止运行变成一个毫无生气的东西，他们可能很难接受。正因如此，我并不将基斯梅特视为一个简单的科学或者工程上的成就，而是把它看成一个艺术上的成就，它是我的杰作。

我真是走运，终于见到
汤姆·克鲁斯了，

他看起来就像一个怪兽！

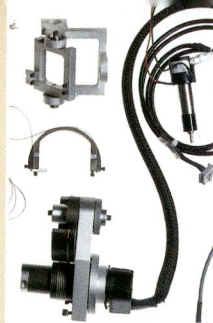

7

从 MIT 到好莱坞

　　32 岁那年对辛希娅·布利泽尔来说相当美好，她在 MIT 实验室里的工作就跟在雪山滑雪一样惬意。以前为了获得博士学位而辛勤工作的紧张日子终于结束了。她现在把精力都放到她在 MIT 的博士后研究上来。她的下一步计划是找个工作，最好是去一所大学或学院做个教授。她向许多学校都发出了申请，包括 MIT，但还都在等答复。

　　2001 年初，机会终于来了。

　　辛希娅接到了一个来自布拉德·鲍尔的电话，他是华纳兄弟影业公司的市场总监。他曾在《时代》杂志上读到关于辛希娅研制基斯梅特的报道，他打电话给她，问她是否有兴趣为一部当年夏天发行的影片《人工智能》(A. I.：Artificial Intelligence) 做技术顾问，该片由史蒂芬·斯皮尔伯格编剧和导演。这部电影最初的创意源自斯坦利·库布里克导演，但是由于他的工作太忙无法亲自导演该

2001 年，光芒四射的辛希娅（左页）在纽约出席了影片《人工智能》的首映式。上图是基斯梅特的内部结构。

片，所以他改做制片人，并让自己信任的朋友斯皮尔伯格来导演。

据布拉德·鲍尔讲述，这部电影探讨了许多问题：人是否能够去爱机器人呢？机器人在社会上应该有怎样的权利和义务？未来机器人之间应该发展怎样的友谊呢？

辛希娅从多种层面上都对参与这部影片很感兴趣。第一，史蒂芬·斯皮尔伯格的电影曾经给了她很大的启发。小时候她和哥哥就非常喜欢史蒂芬导演的经典科幻影片，比如《外星人》（E.T.：The Extraterrestrial）。如果当时有人告诉只有 10 岁的小辛迪，她将成为斯皮尔伯格所拍电影的专家顾问，她肯定不敢相信。

> 如果当时有人告诉只有 10 岁的小辛迪，她将成为斯皮尔伯格所拍电影的专家顾问，她肯定不敢相信。

第二，辛希娅很希望能够同广大观众分享她的研究成果。科学家们通常都会花很长时间才能形成自己的研究思想，但往往只把成果发表在那些晦涩难懂的学术期刊上。如果电影制作公司要聘请MIT的专家担任顾问，对公众而言就意味着探索科学事实与科学幻想之间的联系是有意义的。这是一个辛希娅向公众展示她研制交互式机器人思想的好机会。

第三，华纳兄弟公司将会付给辛希娅一定数额的咨询费，这将是一笔不错的收入。

这个机会的确很诱人。辛希娅很高兴地接受了布拉德的邀请，并寻问他自己该做些什么。布拉德告诉辛希娅现在电影已经拍摄完毕进入后期制作，她的主要任务是帮助记者们做好影片的宣传报道。记者们在撰写关于影片的报道时往往会问许多问题，如究竟什么是人工智能？现在机器人能够干些什么？ 50 年后像大卫那样的机器人会出现吗？辛希娅是回答这些问题的最佳人选。

好莱坞联手MIT

很快，辛希娅就飞到洛杉矶去见布拉德·鲍尔和凯瑟琳·肯尼迪，凯瑟琳也是《人工智能》的制片人之一。他们三个一见如故，辛希娅对布拉德和凯瑟琳的好奇心和工作热情印象深刻，而两位影片监制也很欣赏辛希娅随和的性格和她对工作的热情。

凯瑟琳很清楚设计和操控机器人角色存在的挑战。她曾和斯皮尔伯格合作拍摄过《外星人》和《侏罗纪公园》等影片，并且花了很多时间和精力去将那些科幻故事改编成电影，诸如《美国鼠谭》（A n American Tail）和《魔柜小奇兵》（The Indian in the Cupboard）。但是凯瑟琳影片中的机器人全是一些由特效师来操控的机械玩偶。不像辛希娅的机器人，一旦启动便能自动地对外界环境做出反应，而无需外人的帮助。凯瑟琳还对辛希娅和她的团队能在没有好莱坞票房的资助下研制成基斯梅特甚感惊奇。

谈了几个小时之后，凯瑟琳和辛希娅都意识到她们在很多方面做的实际上是一回事，只是各自的目的不同。凯瑟琳在她的电影里创造那些为娱乐服务的机器人，而辛希娅在实验室里研制的机器人则是为科学的进步。

布拉德告诉辛希娅《人工智能》的市场运作将会面临很大的挑战。尽管该片是由斯皮尔伯格执导的，并有哈雷·乔·奥斯曼和裘德·洛等著名演员担纲主演，但布拉德和凯瑟琳都担心观众们会觉得片名有些倒胃口。

在影片《人工智能》中，哈雷·乔·奥斯曼饰演"大卫"这个角色，一个希望成为真正小男孩的高级机器人。为了制作他的机器人伙伴"泰迪熊"，特效师们专门设计了一个机械玩偶。

在他们的一次策划会议上，布拉德突然想到了一个主意：为什么不在 MIT 举行一个大型的新片新闻发布会呢？这个发布会将由好莱坞制片厂资助，它给记者们提供一个同剧组人员和真正的人工智能专家面对面的机会。辛希娅还提议可以把基斯梅特也带到新闻发布会上去。

史蒂芬·斯皮尔伯格在《人工智能》的拍摄现场指导演员哈雷·乔·奥斯曼和裘德·洛。

2001 年 4 月 30 日，数百名记者涌向了 MIT。在参观了人工智能实验室之后，记者们观看了影片的片花，并参加了一个名为"人工智能的电影，人工智能的现实，以及人工智能的未来"的座谈会。在会上，凯瑟琳告诉记者们 MIT 的研究和影片内容的相似纯属巧合，在斯皮尔伯格和斯坦利·库布里克创作该剧的剧本时，他们根本就不知道辛希娅在制作基斯梅特。

哈雷·乔·奥斯曼也谈了一些他拍摄这部影片的经历。为了使他演的角色（大卫）看起来更像机器人，他在镜头前眼睛一下都没眨。具有讽刺意味的是，辛希娅在MIT却想方设法为基斯梅特编写眨眼的程序，以使它看起来更加真实。

为了向到会的众多记者们表示谢意，辛希娅热情洋溢地讲述了她为什么要制作机器人。她解释说，一方面她想为人类知识的进步做出自己的贡献，另一方面是想改变人们对机器的传统认识。然后她问记者："一个东西一定要用生物材料做看起来才真实吗？"基于她对基斯梅特的研究经验，她给出的答案是"不"。她指出，尽管基斯梅特看起来很明显是一台机器，但人们对它的反应却非常亲切和充满热情。

辛希娅在MIT的一些同事也在座谈会上发了言。她的导师布鲁克斯教授讨论了人与机器的交融。他指出，人们给机器人编制程序是为了让机器人行动起来更像人类，反过来，像高科技假肢这类新的医学进步其实是给人类身体加入了更多的机械零件。另一位教授谢利·特尔克则探讨了孩子们对于什么是"活的"玩具判断标准的变化。他说，一百年前孩子们认为那些有轮子的玩具就是"活的"，现在已完全不同，只有那些由计算机控制并具有很强交互性的玩具才被孩子们认为是"活的"。

虽然记者们对人工智能专家们深入浅出的讲演很是着迷，但基斯梅特出场无疑是整个发布会的焦点。在电影屏幕上看到一个逼真的机器人是一回事，亲眼见到一个能够跟你做眼神交流的机器人绝对是另一种感觉。基斯梅特丰富的面部表情和咿呀的说话声令记者们为之疯狂，好多人都说他们的感觉就像看到了一个活生生的人一样。

一位记者问辛希娅："你认为人工智能技术何时能够成为我们生活的一部分呢？"

辛希娅回答道："在许多方面，人工智能技术其实已经是我们生活的一部分了。每次人们在互联网上搜索信息，通过信用卡购物或者用DVD机看电影时，他就已经在使用由人工智能衍生出来的技术了。"

指导史蒂芬·斯皮尔伯格

新闻发布会后大约一个月，布拉德·鲍尔打电话给辛希娅，说史蒂芬·斯皮尔伯格想见她，他需要了解一些人工智能的发展近况，以便回答记者提出的相关问题。在飞往洛杉矶的路上，辛希娅思量着他们会在哪里会面，在他那个放满了各种奖杯和奖牌的办公室里？或者是在好莱坞的某家流行餐厅中一边午餐一边讨论机器人？

辛希娅没有想到，由于斯皮尔伯格正在执导他的新片《少数派报告》（Minority Report），他们是在福克斯公司的摄影棚里见的面。辛希娅是上午九点到的，一位助理告诉她斯皮尔伯格现在正在拍一个镜头，一会儿拍完就来见她。在一个监视器里，辛希娅看到一个穿着黑衣服的演员正在走廊上跑，追着一对像骰子似的东西（后来她得知在这部科幻电影中那个人是在追他自己的眼球）。斯皮尔伯格把这个镜头拍了一遍又一遍，辛希娅则耐心地等待着。

当辛希娅最终见到这位知名大导演时，她惊讶于他对细节的关注。在等待回答他的问题期间，她看到斯皮尔伯格把一个镜头拍了一遍又一遍，每次都做一些微小的场景变化，以观察拍摄效果的不同。

在他们的交谈中，斯皮尔伯格问辛希娅什么样的交互式机器人会在不久的将来出现。由于已经有许多记者在此之前问过这个问题，辛希娅回答起来游刃有余。斯皮尔伯格是个不错的学生，不久他便能自信地回答记者们的问题了。受这次谈话的启发，斯皮尔伯格后来有一次对一位记者说未来的牙刷都可能同我们说话，甚至预测将来这些牙刷还能够感知我们的精神状态，并在我们感到忧郁时鼓励我们。

拍摄的间隙，一个参加追眼球那幕戏的演员过来跟辛希娅打招呼。眼前这个人的脸上戴着一个奇形怪状的面具，看起来他的脸好像熔化了似的。这家伙会是谁呢？辛希娅在纳闷。不一会，斯皮尔伯格不经意的一句话揭开了谜底："辛希娅·布利泽尔，来见见汤姆·克鲁斯"。

克鲁斯指着他的面具说："你看，史蒂芬把我整得够呛。"

辛希娅一边笑，一边在想：我真是走运，终于遇到汤姆·克鲁斯了，他看起来就像一个怪兽！

走上红地毯

辛希娅尽完顾问的职责之后，她被邀请出席了《人工智能》在纽约的首映式。当她走在齐格菲尔德电影院（Ziegfield Theater）前面的红地毯上时，她看见拿着照相机的记者和疯狂的影迷们拥向哈雷·乔·奥斯曼、裘德·洛和其他的演员。这个星光灿烂的场面让她终生难忘。

回到剑桥之后，辛希娅得到了一些关于工作的好消息，其中MIT的"媒体实验室"（Media Lab）为她提供了一个教员职位。这样她将还能留在MIT，辛希娅非常高兴。与加州华纳兄弟公司的合作虽然非常愉快，但她现在更想集中精力从事机器人的研究工作。后面的几周她有许多东西要做——包括课程规划，为新的团队挑选学生，撰写学术论文，等等。

是时候结束这段频繁跑洛杉矶的日子了，因为它同机器人学研究一点关系都没有。

当鲍比和辛希娅再次回到
MIT 的校园时，

他俩谁也没想到他们的友
谊会进一步发展。

8

家庭事业双丰收

20世纪90年代初，辛希娅和一个叫鲍比·布鲁默夫的年轻人同为MIT的研究生。鲍比那时在计算机科学实验室攻读博士学位，而辛希娅是人工智能实验室的研究生。由于鲍比和辛希娅的宿舍在同一栋楼里，所以经常碰面，他们也知道彼此的名字，但其他方面还都不甚了解。

1994年开春的时候，辛希娅和人工智能实验室的几个朋友去科罗拉多的"汽船泉"（Steamboat Springs）滑雪。作为辛希娅一个朋友的男朋友，鲍比也被邀请同行。在这次旅行中，他俩彼此有了更多的了解，他们发现二人都对滑雪有着浓厚的兴趣。他们同朋友们一起在雪山的滑道上滑了好几个小时，玩得相当愉快。当鲍比和辛希娅再次回到MIT的校园时，他俩谁也没想到他们的友谊会进一步发展。

与控制机器人运行的程序不同，生活是不可预测的。时间很快到了六年后的2000年，当时辛希娅正忙着向公众展示她的发明——基斯梅特。一天她接到了一个朋友的电话，他是得克萨斯大学奥斯汀分校的史蒂夫·凯克勒教授。因为基斯梅特的巨大成功，

2002年5月，辛希娅和鲍比·布鲁默夫（见左页图）在加利福尼亚的贝弗利山举行婚礼。当时辛希娅作为一名助理教授，正带领学生们从事一项新的课题研究——一种生活在饲养箱里的机器人（上图）。

辛希娅也成了各大学竞逐的对象，凯克勒希望引荐她来得克萨斯大学面试一个计算机学院的教师职位。电话中，凯克勒还提及了一些早几年来得克萨斯大学任教的MIT毕业生，其中就有鲍比·布鲁默夫。一听到鲍比的名字，辛希娅的精神为之一振。她请史蒂夫代她向鲍比问好。史蒂夫说鲍比现在已经不在得克萨斯了，他那年已去位于马萨诸塞州剑桥的一家名为"阿卡麦"（Akamai）的网络公司工作了——那里离辛希娅住的地方非常近。

辛希娅在科罗拉多的"汽船泉"滑雪时抽空休息。

找到对方

想到能再次见到老朋友，辛希娅很兴奋，她立刻给鲍比发了一封电子邮件："嗨，鲍比，我是辛希娅，还记得很久以前我们去'汽船泉'滑雪的那次经历吗？听说你回到剑桥真是太好了，也许我们可以找个时间聚一聚。"鲍比也很快做了答复，他说能得到辛希娅的消息实在是太棒了，但是他在剑桥待的时间不会太长了。因为"阿卡麦"公司收购了一家位于圣选戈的网络公司，他要去那里工作以促进两个公司的合并。不过他承诺下次来波士顿时再同辛希娅联系。

几个月后，鲍比回到剑桥参加了在"阿卡麦"公司总部召开的一些会议。他给辛希娅发了一封邮件问她是否有时间共进午餐。他们一起去了波士顿一家很有名的海鲜餐厅，他们在那里交谈，欢笑，度过了一段愉快的时光。继基斯梅特的成功之后，辛希娅又获得了MIT媒体实验室的教员职位，这令她比以前更自信了。

事实上，鲍比发现她的确"活力四射"。然而，两个人生活在美国的东西两岸，实在是相隔遥远。虽然彼此都希望能够加深了解，但好像俩人很快再见面的可能性不大。

至少他们是这么想的。

再次相聚

不久之后，在2001年的春天，辛希娅开始经常飞洛杉矶去为华纳兄弟公司做顾问。这也给了辛希娅去圣迭戈看鲍比的机会，从华纳兄弟公司到鲍比的公司只要两个小时的车程。渐渐地，俩人的关系有了更进一步的发展。

5月底，鲍比邀请辛希娅去圣迭戈冲浪。尽管是运动员出身，但辛希娅却从没学过冲浪。在圣芭芭拉上大学时，她就避免去和那帮冲浪高手们正面较量，因为那对于冲浪初学者来说很危险。

现在，辛希娅和鲍比在圣迭戈的海浪中度过了一段快乐的时光，他们彼此欣赏对方，最后他们陷入了爱河。7月，辛希娅就该到媒体实验室任教了，为了能够延续他们的关系，二人中必须有一个得搬到另一方那边去。

正当他们为难之际，一场举世灾难发生了，但也成全了辛希娅和鲍比。2001年9月11日，"阿卡麦"公司的创建者之一丹尼尔·列文乘坐的飞机被恐怖分子劫持并撞向了纽约世贸中心。列文的死对"阿卡麦"公司是一个沉重的打击，而且公司的财务也面临着巨大的危机。互联网公司兴旺了几年

"嗨，鲍比，我是辛希娅，还记得很久以前我们去'汽船泉'滑雪的那次经历吗？"

之后，现在正在糟糕的经济环境下苦苦挣扎。为了节约成本，"阿卡麦"公司关闭了位于圣迭戈的分公司并把鲍比调回了剑桥。虽然也对这个让他们团聚的事件感到悲痛，但辛希娅和鲍比还是为他们能生活在一起感到高兴。

继续工作

在辛希娅的个人生活蒸蒸日上的同时，她的事业也是如此。她被 MIT 聘为助理教授，并在媒体实验室建立了自己的"机器人生活研究小组"（Robotic Life Group）。这个小组的任务是致力于"研制能够同人类一起学习和工作的交互式机器人"。在制作了基斯梅特这样的智能交互机器人之后，辛希娅希望能够改变人们对于机器人只是一种高科技工具这一看法。对辛希娅来说，研制机器人不只是一项智力劳动而已，她幻想着有一天她和学生们设计的机器人能够成为千家万户生活的一部分。

尽管辛希娅以前也曾经做过助教，有过一点教学经验，但现在是她第一次自己负责一个班级的教学。她怎样才能激发学生的兴趣去做一些惊天动地的事情呢？

在"机器人生活研究小组"的研究室里（右图），机器人的设计灵感可以来自任何地方——植物、古生物、高级动物或者人。正如辛希娅所说："我的实验室在下一代互动机器人的设计过程中总是创意不断。"

辛希娅第一次给学生们上课时，为了消除生疏感，她要每个人说出在电影或者电视中最喜欢的机器人的名字。辛希娅说她最喜欢的是《星球大战》中的R2-D2和C-3PO，她也很喜欢《星际旅行：下一代》中的人形机器人"百科"（Data）。她的学生们也说出了很多让他们对机器人感兴趣的科幻电影，如《宇宙静悄悄》（Silent Running），《银翼杀手》（Blade Runner），《两百年的人》（Bicentennial Man）。有这么一群对机器人学兴趣浓厚的学生，辛希娅很高兴。

媒体实验室给辛希娅提供了几乎是绝对的研究和教学自由，她可以自由地选择自己喜欢的课题，于是辛希娅决定带领她的机器人小组挑战一个大胆而又创新的项目。她的目标是让她的学生们充分展示出各自的才能，从而建立一种协作精神。辛希娅觉得她的研究小组与其做一个只有MIT少数教授能看到的复杂机器人，不如面向广大公众做一些普通的机器人。

辛希娅这样做的背后动机是什么呢？根据她的经验，聪明的学生往往在面对挑战时才能发挥出更好的状态。如果知道他们的工作将被许多人看见，并有可能被媒体广泛报道，这将激励学生们尽全力做到最好。另外，大型项目还能使学生们同媒体实验室的其他教授和学生合作，锻炼他们的协作能力。

SIGGRAPH 挑战

基于以上的原因，辛希娅申请参加了2002年的SIGGRAPH会议（SIGGRAPH是"Special Interest Group for GRAPHics"的缩写，意为"图形学特殊兴趣小组"）。这是一个计算机图形学方面世界顶级的会议，每年都有许多的艺术家、程序设计员、制造商和知名教授出席这个会议。辛希娅相信许多专家会关注她学生的创作作品。

辛希娅仔细浏览了SIGGRAPH会议的所有展出主题目录。其中的"艺术长廊"（Art Gallery）和"计算机动画节"（Computer Animation Festival）主要面向计算机艺术和动画。辛希娅觉得它们都不太适合，因为她的机器人小组创作的是一些三维的东西。

然而会议的"高新技术"（Emerging Technologies）这一主题似乎非常理想。这个展示主题的主管也正在寻找一些探索人和机器之间关系的研究作品。虽然要做出像样的作品并不容易，但辛希娅相信她的学生能够做出满足该主题要求的东西来。正如机器人研究小组的成员丹·斯泰荷尔后来所说："要想把所有人都团结在一起，没有任何东西能同一个大型展览及其带来的巨大压力相比。"

当辛希娅得知他们参加SIGGRAPH会议的申请被批准后，她的小组只剩下一年左右的时间来完成项目了，时间相当宝贵。首先，他们得想出一个能够展示他们创造力和技术功底的创意。然后还有具体的制作和编程。最后还得把做出来的东西运到SIGGRAPH会议的举办地——得克萨斯州的圣安东尼奥。

小组所有成员都开动了脑筋。哪种机器人既有趣又不同寻常，既新奇又活灵活现呢？这种机器人该在什么样的环境中活动呢？该用什么材料让机器人看起来更加真实呢？正当组员们努力思考这些问题时，辛希娅告诉他们设计机器人的一个原则：机器人不能在外观和行为上与现有的动植物过于相似。"让机器人有趣且不同一般就可以了"，她这样告诫自己的学生。这个建议源自辛希娅深信不疑的一个信念：机器人应该被当成一个独特的物种来设计。

> 小组所有成员都开动了脑筋。哪种机器人既有趣又不同寻常，既新奇又活灵活现呢？

在方案设计阶段，一名学生建议做一个装满矿物油和闪光物质的容器，里面放一个模仿海葵的仿生机器人。真实世界中，海葵是一种颜色鲜艳的海洋生物，看起来就像一朵无害的海洋花。它们将自己固定在珊瑚、岩石或者海底，然后用触手上的毒刺捕食小鱼、小虫和甲壳动物。

机器海葵的样子可以像真的海葵，但它内部的控制程序却可以让它同人进行交互。当出席SIGGRAPH会议的人在容器旁边走动时，机器海葵就能够跟随他们移动，它甚至可以隔着玻璃去触摸他们。

大家都很喜欢这个海洋机器人生物的方案。然而那个装满液体的容器却带来一些现实问题。辛希娅的学生都知道，实验室里的机器人即使设计得再好还是经常出毛病。而对于一个整天浸泡在机油里的海葵机器人，要修理它几乎没有可能。

然而机器海葵的吸引力确实太大了，小组每个人都不愿轻易放弃，他们努力思考解决的方法。如果用一个动物饲养箱代替水箱那会怎么样呢？这种饲养箱通常是生物学家用来养蜥蜴、蟾蜍和乌龟等陆生动物的。一个带开口的饲养箱就能让外面的人与里面的机器人及生活环境产生交互。当然，为了模拟水生环境，组员们特意在里面设计了一个瀑布和一个池塘。

随着研究目标越来越宏大，机器海葵生活的人工环境也变得越来越大。刚开始设计的尺寸只有一张小咖啡桌那么大，而现在他们预计尺寸将是7英尺（1英尺＝30厘米）长，7英尺宽，10英尺高。

媒体实验室位于维斯勒大楼（Weisner Building）里，图中所示是大楼的夜景。大楼是1985年由世界著名的建筑师贝聿铭设计的。

辛希娅很欣赏交互饲养箱这个创意，特别是里面生活着一个像海葵一样的机器生物。许多人都认为机器人应该是有两条胳膊两条腿的人形机器，因此制作一个机器海葵是个很不错的新想法。

辛希娅的每个学生都有各自独立的分工。看见他们每个人都积极地为整个项目献计献策并做出贡献，辛希娅非常高兴。每当有新的想法出现，整个小组就齐心协力地想办法去实现。例如，博士生约什·斯奇克顿想要设计一个"互动式演示－控制系统"，他想通过为系统编程使它能够自动地协调诸如灯光、声响、音乐等娱乐元素。为了满足约什对光线变化的要求，研究小组决定给他们的饲养箱提供两种时间周期——白天和夜晚。

给饲养箱增加夜晚时间还有两个好处。

首先，以后可以增加夜间活动的机器物种，如发光的海底蠕虫，它们可以充当"睡着的"海葵。

其次，如果机器海葵在会展期间出了故障，小组成员就可以利用夜晚时间来修理它。

项目开始后很长时间，研究小组成员都简单地把他们的海葵形机器人称为"海洋生物"。一天，一位名叫约翰·麦克比的学生建议给它起个新名字："大众海葵"（Public Anemone）。大家都很喜欢这个名字，名字中既包含了机器人的生物学特点，也表明它将被许多普通大众看到。另外，这个名字还借鉴了一个流行说唱组合的名字——"大众敌人"（Public Enemy）。

心血，汗水与成果

制作机器人和它生活的饲养箱环境花了大约8个月的时间。在那段时间里，每个小组成员（现在已有十几个人）都承担着项目中不同部分的工作，有的人规划机器人的运动，有的人制作机器人的柔性皮肤，有的人解决人造瀑布中存在的问题，有的人则坐在电脑前为机器人编写控制程序。

小组成员制作他们的第一代模型样机都是基于草图和计算机三维造型完成的。由于研制的东西以前从来没有人做过，要找到合适的元器件并不容易，他们常常得去特供物质商店寻宝。

设计海葵的金属手臂和触须也是个不小的挑战，其中关键的是要使这个机器人的运动看起来流畅而自然。研究小组在机器人的

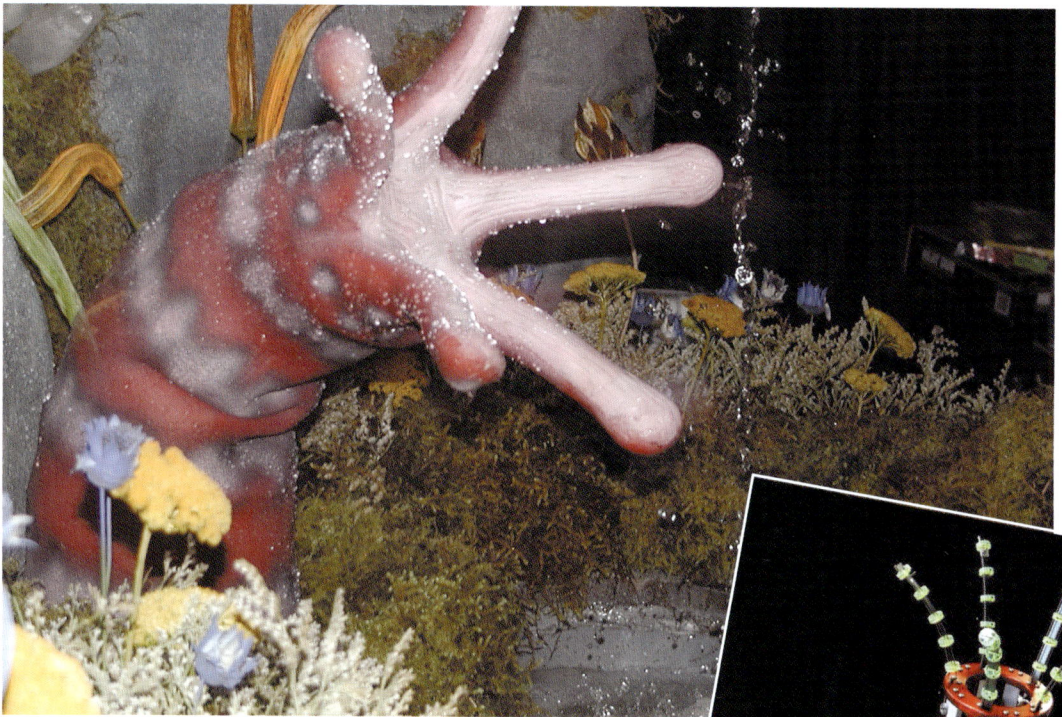

每节之间都加了伺服电机。伺服电机是一种用电力而非机械力去改变电机位置的驱动装置。有了伺服电机，就能很好地使机器人的运动平稳流畅。

另一个难题是人造皮肤的设计。学生丹·斯泰荷尔在高中时学过影视化妆技术，所以由他来负责这部分研究工作。首先，他用黏土做了一个皮肤的模型。然后他用这个模型做了一个模子，并在模子里面填注硅胶。等硅胶材料干了之后，斯泰荷尔给它刷上了鲜亮的仿生颜色。

在建造机器海葵饲养箱的时候，研究小组搬到了附近一个空间更大的仓库里。在那里，"大众海葵"已开始逐渐成形。为了产生岩石地表的感觉，小组成员们先用金属和多层木板做了一个框架，再用宽胶带裹上它，之后在上面涂上聚亚胺酯泡沫。当泡沫硬化之后，他们便在上面仔细雕刻出岩石的形状。

为了使人造瀑布能够很自然地流进池塘里，小组成员做了多次实验，也经历了许多的失败。开始时，水儿乎是直冲出去，他们不得不重新设计瀑布导檐的形状，使水向下流。最后，他们还在导

"大众海葵"的合成皮肤（最上图）是用弹性很高的硅胶制成的，由手工绘制颜色。它的设计完全吻合了机器人的机械结构（上图），目的是让机器人的运动更加逼真自然。

檐上加了一些干花、塑料花以及真的水草，使水流看起来更自然些。

从外表上看，"大众海葵"同基斯梅特一点都不像。然而它们都属于自主机器人，因此它们的控制程序中有一些相似特征。两个机器人的程序设计中都有"驱动源"，或者说是需求。例如，基斯梅特的控制软件能使它在"社交驱动"的值比较低时去寻找人交流。与之相似，"大众海葵"的程序中也有多种"驱动源"，从而使它看上去像一只活生生的动物。首先，"大众海葵"有非常强烈的"愿望"要把自己整理好，包括给周围的植物浇水以及在瀑布下给自己洗澡。如果它能够完成好这些基本的任务，它的程序便会让它和附近的人进行交互。如果没有完成好基本的任务，程序就会让它处于自我保护的状态。

光线，声音……和味道

春去夏来，该准备去SIGGRAPH会议上展示他们的成果了。辛希娅的团队为"大众海葵"构建了一个复杂而又精细的生活环境，把这些东西从剑桥运到圣安东尼奥可是个不小的难题。会议开始前两周，所有东西都被小心翼翼地打包装进了三个大箱子里，并装上了运输卡车。丹回忆道："在仓库里时，由于箱子太大进不了电梯，我们只能把电梯门卸掉。"小组成员们不愿落下任何东西，他们甚至还带上了几捆水草。

东西运到得克萨斯之后，重新组装机器人的饲养箱又成了另一个难题。有时那种感觉就像在组装一个有一千块图片的拼图。除了要搭起那些假山，队员们还要安装好视觉传感器，这些视觉传感器都是隐藏在假山中的摄像头，它们是用来在人机交互时追踪人的运动。

当瀑布和池塘安装好了后，学生们惊喜地发现：当水草被打湿了之后，饲养箱里闻起来就像沼泽地一样。现在他们的仿真世界已经别有一番风景了。唯一不太方便的地方就是池塘里的水需要每天晚上更换，否则这个美丽的世界就会变得又脏又乱了。

在会场上，辛希娅鼓励她的学生再多做一些实验，争取能再有一些改进。媒体实验室有一位名叫比尔·汤米利森的博士生，他提出了一个能提高机器人交互性的有趣想法：如果有人离这只海葵太

近或者猛然对它做一个动作，那么机器人应该发出类似响尾蛇似的声音并且将身体向里缩。大家都认为这个提议不错，几个小时后程序就编好了，比尔的想法成了演示的一部分。

丰厚的回报

"大众海葵"成为了 2002 年 SIGGRAPH 会场上最受欢迎的展品之一。大会主席称赞"大众海葵"吸引了大批的观众，连他的母亲和 6 岁的儿子都对其着迷不已。

当机器人饲养箱处于夜晚时段时，参观者可以敲击其上的晶体来产生有节奏的共鸣声，这种类似鼓点的声音能够触发其中一盏灯来照亮饲养箱的墙壁。

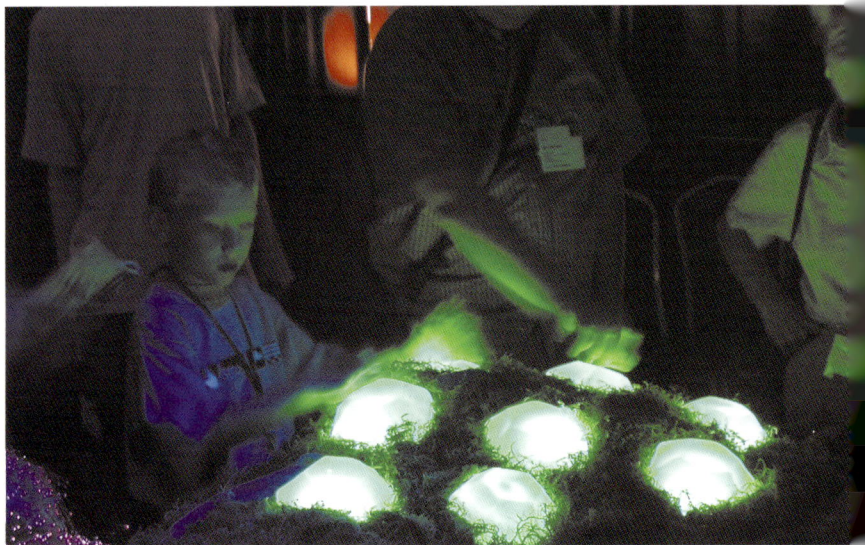

由于观看展览的经历与以往大不相同，许多人都来回看了好几遍。辛希娅为学生们取得的成就感到高兴和骄傲，特别是他们能在处理千丝万缕的细节同时，依然创意十足并齐心协力。当其他教授们称赞辛希娅在这个项目上取得的成就时，她立即把功劳归到了学生的身上。没有他们的执著努力，大众海葵可能根本就做不出来。

另一个幸福的结局

2002 年对辛希娅来说真是好事成双。鲍比·布鲁默夫和辛希娅回到了他们最喜爱的城市之一——圣迭戈来庆祝他们的重逢一周年。他们冲浪，在海滩上散步，在最喜欢的餐馆用餐。

辛希娅和鲍比于2003年摄于白宫，辛希娅在此获得了"国家设计大奖"（National Design Awards）。

之后鲍比给了辛希娅一个惊喜，他拿出了订婚戒指并向她求婚。由于双方的感情基础已经非常牢固了，辛希娅高兴地答应了。

2003 年 7 月 7 日，辛希娅和鲍比在加利福尼亚的贝弗利山结婚。婚礼之后他们去波利尼西亚群岛度蜜月，这些岛屿是休闲放松和潜水冲浪的好去处。2004 年 3 月 12 日，辛希娅和鲍比的儿子瑞安降生到这个世界上。

怀孕期间，辛希娅就开始为做母亲而阅读相关的书籍。她自信已经知道了照顾婴儿的基本技巧，包括让他们停止哭闹，给他们换尿布，等等。但瑞安降生之后她才发现情况根本不是那么回事，她和鲍比还有好多东西不会呢。所以他们雇了一个夜间保姆来帮助照顾孩子并给他们提供指导。

辛希娅带着四个月大的瑞安来到了意大利托斯卡纳地区的圣基米纳诺市。她夏天在那里讲授有关人机交互的专题课。

孩子出生后的几个月，辛希娅发现既要处理好在 MIT 的工作又要做一个好妈妈的确是个不小的挑战。特别紧张忙碌的时候，是儿子的笑声让她忘记了劳累。辛希娅回忆瑞安第一次笑的时候说："那很奇妙，他是那么地开心。"

虽然辛希娅来自科学界，而
斯坦·温斯顿来自娱乐界，

但她心想他们的智慧能
否合于一处呢？

9

架起两个世界的桥梁

教授和他的学生们很少在一段时间里只研究一个项目。2001年的秋天，当辛希娅的学生们正在为大众海葵在SIGGRAPH上的展示做准备时，他们已经开始了另一个交互式机器人的开发。

辛希娅一直梦想要制作一台技术上比基斯梅特更高一级的机器人。基斯梅特那自然流畅的动作和实时的交互能力可以说已经是前无古人了。为了使新一代机器人比基斯梅特看起来更像一个生物，就得让它拥有更真实自然的面部表情。当然，它也需要更多复杂的传感器、电机和控制软件。最后，它还要能够通过识别人的脸部特征并记住一些特定的交互手段来同人类交流。

简言之，为了使机器人更具有交互智能，机器人在各方面就要更加逼真才行。

辛希娅开始担心她的研究目标会因经费短缺而无法实现。制作基斯梅特就花了25000美元，这还不包括设计人员的工资。人力是机器人研制过程中最重要的资源，如果算上人力开销的话，制作基斯梅特的花费超过十万美元！如此推算，如果研制一个像她设想的

左页是辛希娅和特效师斯坦·温斯顿站在他们联合开发的"奇妙的孩子"旁边。上图是"莱昂纳多"的眼睛特写。

那种机器人，可能要花费一百多万美元。钱从哪里来呢？

媒体实验室的研究经费大多来源于政府基金和公司资助。然而要得到政府的研究基金可并不容易，因为全国各地的研究人员都想要去争取，而且并非所有的项目申请都会被批准。另外，即使有足够的研究资金，辛希娅的团队也缺少制作出这种仿生机器人的关键技术。基斯梅特虽然很酷，很有魅力，但很显然它的智慧远远胜过了它的外表。在哪里可以找到能够帮助她的特效专家呢？

答案可能还是要回好莱坞去找。2001年，观看电影《人工智能》时，辛希娅就对片中的机器人角色形象留下深刻印象。其中有的角色根本就不是机器，而是由演员扮演的。有的角色只是计算机做出来的图像。但是有一些角色，如"泰迪"——戏中主人公的泰迪熊玩具，是完全用机械创造出来的精品。"泰迪"的面部表情非常逼真，它的动作由场外操作员用高科技的遥控装置控制。例如，当一个操作员抬起他的右臂时，"泰迪"也会做相同的动作。

> 基斯梅特虽然很酷，很有魅力，但很显然它的智慧远远胜过了它的外表。在哪里可以找到能够帮助她的特效专家呢？

这个活灵活现的"泰迪"是由斯坦·温斯顿工作室设计制作的，该公司负责制作了《人工智能》中的所有机器人角色。尽管辛希娅来自科学界，而斯坦·温斯顿来自娱乐界，但她心想他们的智慧能否合于一处呢？

辛希娅加入《人工智能》剧组是在电影拍摄完以后，所以她和温斯顿从没见过面。不过她早就听说过温斯顿的大名，他是好莱坞顶尖的特效师之一，并因电影《异形》、《终结者》以及《侏罗纪公园》而获得过奥斯卡奖。辛希娅觉得冒然给他打电话有些不礼貌，所以她请《人工智能》的制片人凯瑟琳·肯尼迪代她邀请同温斯顿见个面，凯瑟琳爽快地答应了。

斯坦的工作室

斯坦·温斯顿工作室（SWS）位于加州的圣佛南多谷，那是一栋拥有 35000 平方英尺的建筑。2001 年夏天辛希娅第一次来 SWS 时，斯坦刚好出差了。但他安排辛希娅和林德塞·麦哥文见了面，他是具体负责设计"泰迪"的特效师。

林德塞带辛希娅参观了工作室，并向她展示了《人工智能》中用过的不同版本的泰迪熊。其中有一个泰迪熊是由人扮演的，另一个泰迪熊则动作很迟缓。真正在戏中出现的泰迪熊重达 30 磅，它能摆动自己的鼻子和耳朵，还能抓东西。这个机器人身上有 50 多个伺服电机，而且半数都在头部。"难怪泰迪能做出这么丰富的面部表情"，辛希娅想。不过她非常佩服 SWS 的创造力。

林德塞同样也对辛希娅的才能印象深刻。两人发现他们对科幻小说和科幻电影都很感兴趣。辛希娅提出她打算制作一个新机器人，它有着基斯梅特那样的交互能力，但外表比基斯梅特看起来更真实，然后询问 SWS 是否愿意同她合作？面对这个问题，林德塞建议先去找斯坦商量一下。

几周之后，辛希娅又来到了 SWS。她问斯坦·温斯顿："你愿意做一个真的泰迪吗？"辛希娅提出，如果 SWS 愿意设计并支付机器人开发的费用，MIT 可以提供相关的传感器和那些能使机器人听、说、看甚至触摸的软件。作为对 SWS 资助的交换，MIT 还将与其共享最前沿的人工智能技术。斯坦对此很感兴趣，也很佩服辛希娅的工作热情，于是痛快地答应了。

几周之后，辛希娅带着几个学生来到了 SWS，讨论具体的合作事项。SWS 的工程师理查德·兰顿回忆道："两天之中，我们分享彼此的知识。你告诉我你能做的东西，我告诉你我能做的东西，然后我们找出双方共同的部分。"

　　两组人员首先对要创造某种机器人"表演艺术"的想法展开了讨论，这种表演应该不注重情节，而看重高技术令人眼花缭乱的效果。该如何实现这个想法呢？他们继续进行了深入的探讨。他们考虑了把《人工智能》电影中用的一个遥控泰迪熊改装成基斯梅特那样的自主机器人的方案。但这个想法由于技术原因被否定了。辛希娅了解到，泰迪熊用的电气系统类型与MIT人工智能专家们用的完全不同，这意味着泰迪用的齿轮、电机、导线和基斯梅特用的都不一样。

　　然后有人提议两组人员从头设计一个新的机器人，大家对这个想法都非常认同。接下来就开始讨论具体的实施计划，他们的合作也从此真正开始了。和SWS通常的设计任务一样，先由他们的团队进行人物设计。首先，他们要画出人物的设计方案草图。斯坦同意设计方案后，他们便开始根据草图做三维造型。

　　在三维模型得到斯坦的首肯之后，他们便开始制作该人物的电子驱动机器人。像往常一样，SWS的一名操作员将会用遥控器来控制这个电子玩偶的运动。然而，就在SWS的团队设计电子驱动机器人的阶段，辛希娅的小组开始介入。他们将开发出两个版本的机器人电控系统：一个是SWS的，另一个是MIT的。SWS将先用他们的电控系统去测试和演示机器人的运动性能，然后辛希娅的小组将从机器人上撤掉SWS的系统，嵌入或安装含有MIT技术的传感器和控制程序。

　　两天的讨论结束后，两组人员都对这次合作感到振奋。理查德·兰顿也曾与其他科学家合作过，但都没有这次合作这么富有成效。许多科学家在与他人合作时，往往都很在意保护他们的研究成果，而不是想通过合作获得双赢。辛希娅则不同，她是个诚恳、开放、积极听取他人想法的人。理查德说："如果你不是打算从别人那里套取信息的话，事情就好办了，那样别人就会愿意同你合作。"

辛希娅的建议

在斯坦的团队开始设计新机器人前，辛希娅根据自己的经验为他们提供了一些指导性意见。

首先，不要把机器人的脸做得和人一模一样。20世纪80年代的时候日本机器人学专家森政弘曾经做过一个研究，结果显示机器人具有的人类特征越多就越具有吸引力。但他还发现这种相似是有限度的——他据此提出了"恐怖谷"理论。幸运的是，这个要求对斯坦的团队来说不是什么难事，他们就喜欢创作那些稀奇古怪的角色。

辛希娅的第二个建议是机器人不应只模仿某一种真实的动物。狗和猫都是现实中存在的动物，如果制作的机器人看上去和动起来仅仅像猫或狗就不太好，它应借鉴不同动物身上的特征，"要让设计的人物具有自己的特色"，辛希娅建议。

第三，辛希娅要求设计的机器人看起来要像孩子似的。因为现在的人工智能技术还不能做出智能达到成人的机器人，所以设计一个"机器人小孩"是一个比较明智的选择。换言之，机器人的大脑和身体应该同步，或者说在同一个水平线上。

许多人都认为莱昂纳多是现有机器人中表情最丰富的，它有61个自由度，其中32个在脸部。

可爱的莱昂纳多

2002年5月，SWS的团队去MIT展示他们设计的机器人。辛希娅立即就被他们的设计吸引住了。这个设计很可爱，非常招人喜欢。它外表毛茸茸的，有两英尺半高，还有一双圆圆的棕色大眼睛，耳朵几乎和胳膊一样长。它的设计灵感来源于史蒂芬·斯皮尔伯格1984年的电影《小鬼怪》（Gremlins）中的一个角色。

莱昂纳多（脱去毛皮外罩的样子）。它的名字是为了纪念莱昂纳多·达·芬奇（右下图），许多人都认为这个聪明的艺术天才在几个世纪前就设计了最早的自动机械。

斯坦·温斯顿说他们给新机器人取名叫莱昂纳多，是为了纪念文艺复兴时期最著名的科学家、艺术家、发明家莱昂纳多·达·芬奇。"这个名字非常好，不知道他们是否知道达·芬奇是我的偶像呢！"辛希娅心想。

莱昂纳多的头部和腹部都很大，这样设计主要是因为辛希娅的小组要在它的身体里面装摄像机、麦克风和其他设备。莱昂纳多的毛皮外罩是可以拆卸的，这样辛希娅的小组成员们就能直接对其中的机械部分进行操作。制作外罩的毛皮来自山羊和牦牛，一次缝合而成，所以看起来非常逼真。

莱昂纳多身上有60多个自由度，所以它的动作流畅自然，看起来就像一只活灵活现的动物，非常可爱，难怪大家还给它起了个小名叫"雷欧"。它比SWS为电影《侏罗纪公园》设计的机械恐龙的结构还要复杂。雷欧身上半数以上的电机都在头部，这就使它的眼睛能朝各个方向转动。它的两只耳朵甚至能够向两个相反的方向旋转。它还能咧嘴笑，做鬼脸，皱眉头，甚至假笑。

但雷欧并不是完美无缺。虽然它的机械系统非常复杂，但说到底，它毕竟只是一个机器，它也有其他机器所具有的通病：故障甚至停机。在雷欧组装的阶段，如果它发生机械故障，SWS的人就会诙谐地说："'沃嘎'又来了。"

2002年夏天的时候，SWS该将雷欧交给了MIT媒体实验室了。辛希娅和她的团队一步一步地将雷欧从一个自动玩偶改造成一个自主机器人。他们在雷欧体内装了许多的传感器，使它能够看、听、触摸周围的物体。他们还为雷欧编写了控制程序，使它能够对外界激励做出适当的动作、姿势和表情。雷欧眼睛的控制程序使它能够扫视一个房间，察看是否有人。从机器人的视角看，它就是在寻找一个有一张脸、两个眼睛并且会动的东西。

除了让雷欧能看、听、摸之外，辛希娅的团队还对它的机械系统做了一些实用改进。对于SWS来说，他们为电影设计的机器人发出一些机械噪声是无所谓的，因为电影后期制作时可以把这些噪声剪辑掉。但是，如果雷欧在同人交互时发出嗡嗡的刺耳声音，人们就会立刻意识到它是个机器。为了尽量降低电机和齿轮传动的噪声，辛希娅要求斯坦工作室的人员在制作机器人时要用高档的电机。

> 辛希娅和她的团队一步一步地将雷欧从一个自动玩偶改造成一个自主机器人。

在这次软件开发中，辛希娅的团队还做了一些新的尝试，包括让雷欧能够记住某些特殊的交互情景。例如，如果有某个人对雷欧很友善的话，雷欧的记忆程序便可以记住这个情景。如果那个人下次又来了，雷欧就会对他微笑，表现出友善。反之，如果有人第一次对雷欧造成威胁的话，下次那人来的时候雷欧就会表现出防备的姿态。

辛希娅的团队还努力使雷欧具有更加丰富的触觉。他们希望最终这个机器人能够感觉出拿在手里的物体的形状和重量。

莱昂纳多正盯着左手上拿着的一个黄色小球。现在，媒体实验室正在为莱昂纳多制作一个可置于它人造皮肤下的触觉系统，到时候莱昂纳多就能够对人的触摸做出反应。

莱昂纳多活了

SWS 的小组成员们第一次在 MIT 看到莱昂纳多表演时，他们简直不敢相信自己的眼睛，或者更确切地说是机器人的眼睛。虽然莱昂纳多的动作还在调试和完善之中，但是斯坦·温斯顿、理查德·兰顿和林德塞·麦克哥文就已经对机器人能与人做眼神上的交流惊讶不已了。

2002 年 10 月，一档由阿兰·奥达主持的名为《美国科学前沿》的电视节目将莱昂纳多展现在了公众面前。看到莱昂纳多有如此神奇的功能，阿兰也向辛希娅和斯坦表示了祝贺。在节目中，他们你来我往地谈得很开心。在谈到莱昂纳多的远期目标时，斯坦开玩笑地说："我要得到由它带来的所有荣誉！"大家都笑了，辛希娅也故意说："不，那可不行。"

是个骗局？

然而，并非所有人都为莱昂纳多的表演所倾倒。计算机科学领域的先驱，也是 MIT 在 1959 年建立第一个人工智能实验室时的创始人之一，马文·明斯奇就评论说："我拒绝莱昂纳多的理由是因为那是个骗局。它其实并不是真的具有情感。它只是知道如何欺骗你，从而让你觉得它有情感。辛希娅是一位杰出的工程师，但她的工作并没有弄清楚感情究竟是怎么回事。"

马文的批评并没有让辛希娅感到惊讶，因为他以前也多次批评过其他的人工智能科学家，他曾经说过："人工智能的研究自 20 世纪 70 年代开始就停滞不前了。"当然辛希娅也明白，一门好的科学总是离不开问题与争论。

但辛希娅觉得马文忽略了她研究中的重要一点。在她看来，莱昂纳多的交流技巧和"情感"将有助于提升人与机器之间的关系。辛希娅的长远目标是创造出能够把人当作朋友来合作的机器人。通过赋予机器人情感智能，辛希娅觉得这些机器将能更有效、更有魅力地与他人交流。

莱昂纳多的影响力

辛希娅的团队在继续提高和拓展莱昂纳多的功能。当这个机器人同人交流的技能越来越复杂时，参与到该项目合作的媒体实验室的科学家也会越来越多。另一方面，为了填补研制莱昂纳多花费的巨额资金，斯坦·温斯顿正计划将莱昂纳多用于电影的拍摄之中。

有一点可以肯定：辛希娅和斯坦都对他们的工作感到自豪。正如斯坦有一次说的："莱昂纳多的存在将会影响许多人的生活，它并非科幻人物而是实实在在的科技成果，它是个奇妙的孩子。"

辛希娅看到"奇皮"的
照片时不禁笑了，

这个简单的机器人是由
这些女孩们设计的。

10

机器人来啦

2004年4月，当时辛希娅正在休产假，她收到了一封令她吃惊的电子邮件。邮件是一个叫弗农·艾林格的人发来的，他说他10岁的女儿凯迪和她的朋友克莱瑞·威利兹都是辛希娅的机器人迷。辛希娅心想："这些孩子怎么会知道我呢？"邮件中还说，凯迪和克莱瑞曾经为她们小学的科学节写过一篇关于基斯梅特的报告，除此之外，她们还制作了她们自己的有表情的机器人，并给它起名叫"奇皮"（Kippit）。

这两个孩子就住在马萨诸塞州，而且现在学校正在放假，所以弗农问辛希娅是否愿意在剑桥的某个地方见见凯迪和克莱瑞。"太好了！"辛希娅想，她立刻回复了一封邮件，痛快地答应下来。

几天之后，辛希娅抱着小瑞安在哈佛广场的一个咖啡馆里见了凯迪和克莱瑞。两个女孩自豪地向辛希娅展示了她们为自己的科技项目制作的几张海报。辛希娅看到奇皮的照片时不禁笑了，这就是她们设计的简单机器人。奇皮有三种不同的面部表情：高兴、伤心、正常。从其中一张海报上可以看出奇皮的嘴和眉毛的动作是由电磁铁控制的。海报上说："电磁铁是由一根通电导线缠绕在一块铁上做成的，我们用的是一根铁钉。"通过将每个电磁铁接到

少年科学爱好者凯迪·艾林格（左页图最左边）和克莱瑞·威利兹（凯迪旁边）见到了她们的偶像辛希娅。她们向辛希娅展示了自己制作的有表情的机器人奇皮。上图是辛希娅在孩子们的海报上签名。

89

从奇皮的后面看（右图），可以看到用于控制机器人表情的电磁铁的导线。在正面照片中（下图），其中一个孩子正在推动一个开关使奇皮笑，而这个开关其实是它的鼻子。

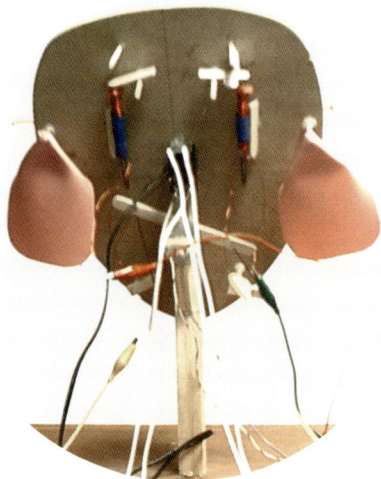

电源（4节电池）上，她们便能控制奇皮的嘴和眉毛的位置。

辛希娅问她们是怎么制作的电磁铁。凯迪和克莱瑞说她们从科学课上学到导线在铁条上缠的圈数越多，磁性就会越强。做的时候，凯迪的爸爸帮她们把一颗大铁钉放置到电钻头里，她俩则把导线先在铁钉上缠上两圈，然后开动电钻。当铁钉随着电转转动起来后，导线就在上面越缠越多了。

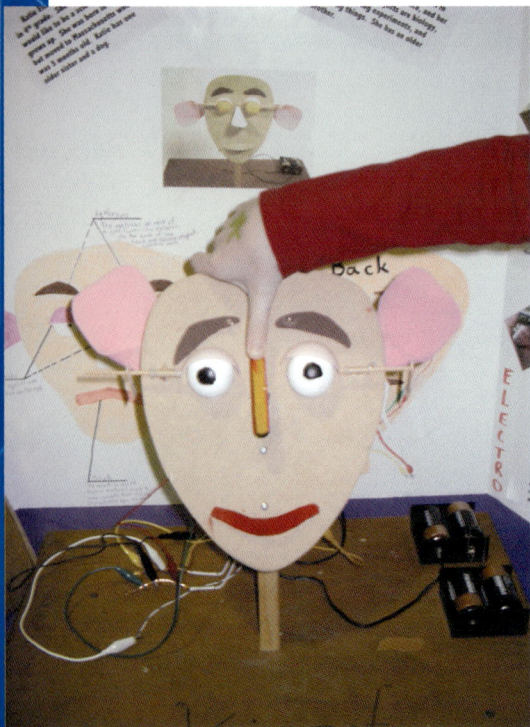

凯迪和克莱瑞也有许多问题想问辛希娅。她们最想知道的是辛希娅是否在像她们那么大时就对制作机器人感兴趣了。辛希娅笑着告诉她们说，在她10岁的时候她最着迷的是踢足球。听到辛希娅说她直到读研究生时才开始做机器人，两个女孩感到很惊讶。辛希娅还给她们讲了她做的机器人，当听到基斯梅特的创意是受《星球大战》中C-3PO和R2-D2 的启发时，她们很高兴。辛希娅说，许多科学家的研究都是受到了科幻作品的启发。

回家的路上，辛希娅在想凯迪和克莱瑞长大后会从事什么。她们会成为机器人学家吗？辛希娅10岁的时候就对科学很感兴趣，但她从没想过成为一个"造物者"。等到这两个孩子上大学时，机器人的研究可能已经与现在截然不同了。一想到基斯梅特可能变得"过时"，辛希娅不禁有些紧张。

机器人的明天

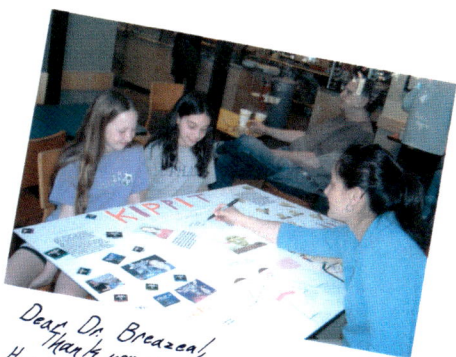

辛希娅对未来也做了很多的思考。要多长时间才能使每个家庭都至少有一个机器人呢？机器人和人类能一起做些什么工作呢？新的技术将会对机器人的研究带来怎样的影响呢？是否应该立法以保障机器人的合法权益呢？

但辛希娅并非坐在那里空想未来。她去向技术预言家阿兰·凯请教，凯告诉她："预知未来的最好方法就是去创造它。"辛希娅接受了凯的建议，在MIT媒体实验室，她和她的团队正在忙着创作未来新型机器人的样机。考虑到MIT在技术界的地位，辛希娅相信她的工作能够对机器人如何融入我们的生活产生较大影响。辛希娅相信，机器人也能够像宠物们那样不断丰富我们生活的各个方面，如健康和幸福。虽然机器人（Robot）一词来源于捷克语"奴隶"（Slave Labor），但这并不意味着机器人学必须朝着纯实用主义的方向发展。

见过辛希娅之后，凯迪和克莱瑞写信向辛希娅致谢。辛希娅提出的观点和意见让她们懂得了更多的机器人学知识，也对科学家的生活有了更多的了解。

机器人同伴

不止辛希娅一个人认为机器人和人能够友好相处。2003年联合国进行的一份调查显示，全世界三分之一以上的机器人都是用作娱乐。例如"爱宝"（AIBO）就是索尼公司设计的一种玩具机器狗。

它的控制软件使它能够学会一些小把戏，并且能在同主人的交互过程中发展自己的个性。可惜的是一只爱宝要将近 2000 美元，太贵了点。

为了解决研究经费的问题，全世界的机器人学家都在探寻机器人在日常生活中的实际应用。医疗护理可能是机器人能实际应用的第一个领域。在日本，老年人口已经超出了人工护理所能承担的数量，辛希娅在想是否可以用交互式的机器人来完成护理工作。智能化的交互式机器人可以学会做饭、保洁、看护，还能了解主人的喜好。它们的应用将大大提高人们的生活质量。

考虑到大多数人对于将自己的生活完全交给机器去管理还不放心，辛希娅建议发展人机协作。只要不把机器人想成只是一种工具，人就可以和机器人像同伴一样协作去管理花园或者做饭。

保存记忆的新方法

辛希娅·布利泽尔一直在留意如何将机器人技术应用到其他地方。有时候创意来自意想不到的地方。在资助媒体实验室的公司中，有一家大型的贺年卡公司。一般人都认为他们不会去关心机器人的研究。公司感兴趣的是如何跨越时空将人们联系起来，他们也在寻找新的方法帮人们保存他们美好的记忆。

辛希娅相信交互式机器人可以帮助完成这项任务。"如果一个人从小到大都跟一个机器人生活在一起，那会怎么样呢？"她问道。通过与那个人长时间的交互，机器人便能对这个人的个性和经验等有一个全面的感性认识。当那个人去世的时候，这个机器人便可以把这些认识传给他的孩子们。从理论上讲，这个人的子子孙孙都可以问机器人他的祖上是什么样子的，他喜欢玩什么，害怕什么，等等。

尽管电影《我，机器人》中的NS-5机器人不会在短时间内成为现实，但它是科幻人物启发人们想象的又一典型实例。电影大致是根据科幻作家伊萨克·阿西莫夫的作品改编的，他写了许多关于机器人的作品，他曾想象在未来世界里机器人能够照顾人类。

未来的楷模

想象一下未来的科学家会给机器人世界带来的变化，总是令人兴奋和激动。辛希娅·布利泽尔很自豪能成为他们中的先驱。自儿时起，她的好奇心和毅力就使她突破了一道道他人觉得无法逾越的障碍。由于相信她学的任何东西都有可能产生新的创意，辛希娅总是如饥似渴地汲取新的知识。

困难和变化并没有吓倒她，反之却唤起了她的斗志。科戈、基斯梅特和莱昂纳多都并非单纯的机器人，它们还证明了像辛希娅·布利泽尔那样优秀科学家的存在。

辛希娅·布利泽尔的生活纪录

1967 年　　辛希娅于 11 月 15 日出生于新墨西哥州的奥布奇尔克。

1970 年　　由于辛希娅父亲的职位调动,布利泽尔一家从奥布奇尔克搬到了加利福尼亚州的利沃摩尔。

1977 年　　辛希娅同家人一起观看了电影《星球大战》的第一部,并从此迷上了片中的机器人英雄 R2-D2 和 C-3PO。

1985 年　　辛希娅几乎是以全班最好的成绩从利沃摩尔的格拉纳达高中毕业。在考虑过是否要成为专业网球运动员之后,她决定还是去读大学。她进入了加州大学圣芭芭拉分校进行本科阶段的学习。

1988 年　　这年夏天,辛希娅在位于加利福尼亚塞甘杜的一家施乐公司研究所实习。她在那里用她学到的专业技术帮助测试单片机。

1989 年　　辛希娅以很高的荣誉从加州大学圣芭芭拉分校毕业,获得电气与计算机工程学学士学位。她决定将来从事机器人研究。

1990 年　　辛希娅到位于马萨诸塞州剑桥的麻省理工学院读研究生。在 MIT 的人工智能实验室师从罗德尼·布鲁克斯教授学习机器人学。22 岁那年,她自己制作了第一个机器人。

1993 年　　基于对仿昆虫机器人汉尼拔和阿提拉的研究,辛希娅获得了 MIT 的电气与计算机工程学硕士学位。同年,布鲁克斯教授和他的学生开始制作科戈,一个具有人类特征的机器人。辛希娅成为了这个项目的主要设计者和编程员。

1997 年　　辛希娅开始研制基斯梅特,一个有情感的智能机器人。

2000 年	辛希娅通过了关于基斯梅特的博士论文答辩，获得了 MIT 的科学博士学位。她的研究工作吸引了众多媒体的关注，《时代》杂志专门发表了一篇关于她的报道。
2001 年	华纳兄弟公司聘请辛希娅作为电影《人工智能》的顾问，并为公众讲解有关机器人学知识。同年，MIT 的媒体实验室聘请辛希娅为助理教授，她在那里建立了机器人生活研究小组。辛希娅和她的学生开始与斯坦·温斯顿工作室（好莱坞的一家特效公司）合作，他们一起制作了莱昂纳多，一个智能化交互机器人。
2002 年	辛希娅的第一本专著《设计交互式机器人》出版。
2003 年	辛希娅同她在 MIT 读研究生时认识的计算机专家鲍比·布鲁默夫结婚。同年，基斯梅特正式退役并被送到 MIT 博物馆展出。
2004 年	辛希娅的儿子瑞安·富尔顿·布鲁默夫于 5 月 12 日出生于剑桥。
2005 年	辛希娅继续在 MIT 的媒体实验室担任"机器人生活研究小组"的主管。

术语表

　　这本书介绍的是一位制作面向未来的仿生机器人的科学家。为了更好地表达机器人的设计思路和动作特征，书中的有些词语是新创造的。要理解这些词语可以把它们拆分成几个部分来看。例如 animatronic 一词就可以拆分成两部分。第一部分来自 animate 一词，意思是"使运动"或"使有生命"。第二部分来自 electronics 一词，即"电子学"，它是物理学的一个分支，研究的是电子的产生、效应和运动，尤其是针对晶体管、计算机等设备中的电子研究。因此，如果一个物体用 animatronic 这个词来形容，就说明它是依靠电子设备来产生运动。

　　以下是一些对阅读机器人相关书籍有所帮助的字根：auto 的意思是"自己"；micro 的意思是"小"；proto 的意思是"第一"。

　　如果想要知道下面这些词语的更多意思，请查阅字典。

驱动器(actuators)：像人的肌肉那样能为机器人提供一系列运动的电动机。

算法(algorithms)：用计算机处理问题时采用的一系列规则或步骤。

电子驱动的(animatronic)：通过无线遥控设备控制运动的。

人工智能(artificial intelligence, AI)：计算机科学的一个分支，它通过编制程序使机器能够完成一些通常需要人或动物的智能才能完成的任务。

自主机器人(autonomous robot)：一种通过程序控制可以独立行动并做出决策的机器。一个真正的自主机器人必须能基于自己的控制程序对周围的环境有反应并做出决策。

卡尺(caliper)：一种用于测量物体直径或者厚度的量具。

自由度(degrees of freedom)：机器人所具有的独立运动的数量。机器人的自由度越多，它的动作看起来就越逼真。

电磁铁(engineering)：一种外面缠有导线的磁性材料。电流流过线圈后使铁心磁化。

工程学(electromagnet)：一门有关设计、制造和管理机器、能源、道路及桥梁等的学科或专业。为了制作机器人，辛希娅应用了两门工程学的知识：机械工程和电气工程。

单片机（microchip）：能够完成对信息的处理、计算和控制的小型计算机。一个单片机上含有数千个集成电路。

微处理器（microprocessor）：计算机的核心处理单元，完成控制、存储和计算工作。

样机（prototype）：某种东西的第一个样式或模型。

机器人（robot）：一种拥有受计算机控制的运动单元和传感设备的机器，它能够完成一系列通常由人来完成的动作。机器人（robot）一词是捷克剧作家卡尔·查别克所创，并于1921年出现在他的剧作《罗萨姆的万能机器人》中。捷克语中"robota"一词的意思是"强迫奴隶"。

机器人学（robotics）：一门研究设计、制作和应用机器人的学科。机器人学家是从事机器人设计、编程和实验的科学家。

传感器（sensors）：采集机器人所处环境信息的装置，如温度、声音、光线等。

伺服电机（servo motor）：驱动器的一种，它能将电流转换为机械运动。

单 位 转 换 表

原始单位	乘以	转换单位
英尺	0.30	米
码	0.91	米
英里	1.61	千米
平方英尺	0.09	平方米
英亩	0.40	公顷
磅	0.45	千克
米	3.28	英尺
米	1.09	码
千米	0.62	英里
平方米	10.76	平方英尺
公顷	2.47	英亩
千克	2.20	磅

延伸阅读

网络上的《走进女科学家的世界》

现在你已经认识了辛希娅·布利泽尔并了解了她的工作，你是否想知道成为一个机器人学家是什么感觉呢？或者你还想知道当一名野生动物学家、行星天文学家或法医学家的感受。那就赶快去登录《走进女科学家的世界》系列图书的网站 http://www.iWASwondering.org。在那里面，你可展开自己的科学之旅。玩游戏，看漫画，甚至自己当一次科学家。在你获得快乐的同时，你还能认识那些正在改变世界的女科学家。

书籍

鲁思·艾丽特，《**机器人：将智能机器带入我们的生活**》，纽约豪培基：巴伦教育出版公司，2002。(Aylett, Ruth. Robot:Bringing Intelligent Machines to Life. Hauppage,New York:Barrons Educational Series,2002.) 这是一本机器人科学的概论书籍，其中介绍了人工智能的先驱者们50年来的梦想，并探讨了那些已经成为现实的和将要可能变成现实的人工智能技术。同时，这本书还提供了关于生物学、工程学和心理学之间紧密联系的精彩论述。

戈登·麦孔，《**机器人制作者宝典**》，纽约：麦格劳—希尔出版公司，2001。(McComb, Gordon. Robot Builder's Bonanza. New York:McGraw—Hill, 2001.) 如果你想自己制作机器人的话，这本书将会很有帮助。这是一本教你如何去做的书，书中有大量的关于自己制作机器人的实用技巧，包括电子、机械以及程序设计。书中详细介绍了11种机器人的制作方法。

罗伯特·佩里，《**人工智能**》，纽约：富兰克林—瓦兹出版公司，2000。(Perry, Robert L. Artificial Intelligence. New York:Franklin Watts,2000.) 这是一本非常好的人工智能入门书籍。书中详细地介绍了各种各样的人工智能技术，讲解了人工智能技术如何影响我们的日常生活，并展望了未来的人工智能技术。

卡尔·威廉姆斯，《**电子昆虫：制作你自己的行走机器人**》，纽约：麦格劳—希尔出版公司,2003。(Williams,Karl P. Insectronics:Building Your Own Walking Robot. New York:McGraw—Hill,2003.) 机器人制作的爱好者们注意了，这是另一本指导你们一步一步地制作自己的廉价六足机器人的书籍。你们的作品将是辛希娅90年代初制作的阿提拉和汉尼拔的远亲。

网站

Engineer Girl：http://www.engineergirl.org
国家工程院希望你们也能考虑去做一名工程师。了解那些既有趣又有丰厚收入的工程职业。阅读那些女工程师们的故事。看她们怎样用自己的聪明才智去解决问题并让世界变得更美好。

First LEGO® League：http://www.usfirst.org/jrobtcs/flego.htm
年轻的机器人爱好者们可以参加这个由乐高公司（LEGO）赞助的竞赛。你可以在学习基本的工程和计算机编程知识的同时，体验使用传感器、电机、齿轮和可编程"乐高砖"的乐趣。

Learn About Robots：http://www.learnaboutrobots.com
这是一个提供最新机器人相关新闻的优秀网站。

Low Life Labs：http://robotsandus.org/lobby
明尼苏达州科学博物馆的"低生命实验室"（Low Life Labs）是个不错的上网去处，你可以去参观"机器人长廊"（找找基斯梅特在不在？），或者在网站的"运动"（Moving）、"感知"（Sensing）、"思考"（Thinking）以及"存在"（Being）区域玩一些交互游戏。

NASA Robotics：http://robotics.nasa.gov
http://robotics.jpl.nasa.gov/homepage.html
在国家航空航天署（NASA），有一批最优秀的机器人专家正在开发用于探测火星和其他星球的宇宙飞船和探测机器人。

The Tech Museum of Innovation：http://www.thetech.org/robotics
登陆这个在线博物馆，你可以了解机器人的历史，还可以用你的电脑控制自己的虚拟机器人去探测地球和月球，还能收听有关 21 世纪机器人伦理的精彩辩论。

参考书目

除了采访辛希娅·布利泽尔和她的家人、朋友、同事之外，作者还阅读了大量的书籍，做了许多的研究才写成本书。以下是作者参考过的一些书籍。

辛希娅·布利泽尔，《设计交互式机器人》，马萨诸塞州剑桥：MIT 出版社，2002。
(Breazeal, Cynthia L. Designing Sociable Robots. Cambridge, Massachusetts：

MIT Press, 2002.)

罗德尼·布鲁克斯,《肉体与机器:机器人将如何改变我们人类》,纽约:万神图书出版公司,2002。(Brooks, Rodney A. Flesh and Machines:HOW Robots Will Change Us. New York:Pantheon Books, 2002.)

阿里森·祖恩,亨德勒·詹姆斯等,《孩子们的机器人:探索学习的新技术》,旧金山:摩根－考夫曼出版公司,2000。(Druin, Allison and James Hendler, eds. Robots for Kids:Exploring New Technologies for Learning. San Francisco:Morgan Kaufmann 2000.)

皮特·门哲尔和迪阿鲁西奥·费斯,《现代机器人:一个新物种的进化》,马萨诸塞州剑桥:MIT 出版社,2000。(Menzel, Peter and Faith D'Aluisio. Robo Sapiens:Evolution of a New Species. Cambridge,Massachusetts:MIT Press,2000.)

西德尼·佩科维茨,《数字人:从仿生人到机器人》,华盛顿特区:约瑟夫—亨利出版社,2004。(Perkowitz, Sidney. Digital People:From Bionic Humans to Androids. Washington, DC:Joseph Henry Press, 2004.)